Herbert Walker

Vegetarisch kochen mit Pilzen

Herbert Walker

Vegetarisch kochen mit Pilzen

Steinpilz, Seitling, Shiitake & Co.
vollwertige Rezepte

illustriert von Sabine Metz

pala verlag

Inhalt

Liebe Pilzfreunde, liebe Freunde der Vollwertküche,

Pilze sind für mich untrennbare Bestandteile der vegetarischen Vollwertküche. Daher habe ich selten so gerne Rezepte ausprobiert wie für dieses Kochbuch, na ja, wenn ich es genau nehme, macht es mir immer Spaß, etwas Neues auszuprobieren und in einem Kochbuch zu verewigen.

Im vorliegenden Buch verwende ich überwiegend Zuchtpilze und Pilzarten, die man unschwer auf dem Markt, im Bioladen oder beim Gemüsehändler kaufen kann. Denn nicht immer hat man Zeit, vor einer Mahlzeit Pilze sammeln zu gehen, und nur wenige kennen sich hierbei so gut aus, dass sie die schmackhaften Pilze sicher von den ungenießbaren und giftigen unterscheiden können. Ich kann es bisher (noch) nicht – obwohl mich die Pilze, die wir beim Wandern immer wieder sehen und finden, durchaus zum Mitnehmen verlocken könnten. Daher schaue ich regelmäßig, ob bei uns in der Gegend ein entsprechender Bestimmungskurs angeboten wird, für den ich Zeit habe.

Wenn Sie passionierte Pilzsammlerin oder passionierter Pilzsammler sind, können Sie für die Gerichte in diesem Buch natürlich Ihre frisch gesammelten Pilze verwenden.

Wie bei allen meinen Büchern möchte ich Ihnen mit meinen Rezepten und Tipps Mut machen, Kochen nicht als lästige Pflicht anzusehen, sondern als Kür, die es Ihnen erlaubt, kreativ zu sein, Neues, manchmal auch scheinbar Verrücktes auszuprobieren. Sie werden sehen: Meist gelingt es und schmeckt nicht nur Ihnen, sondern auch Ihren Lieben. Und wenn Familie und Freunde von ausgefallenen Gerichten einmal nicht ganz so begeistert sind, kochen Sie das Gericht eben dann, wenn Sie alleine sind, oder verraten erst später, welche Zutaten Sie im Einzelnen gewählt haben.

Viel Spaß beim Kochen, gute und gesunde Mahlzeiten, das wünsche ich Ihnen.

Ihr

Norbert Walter

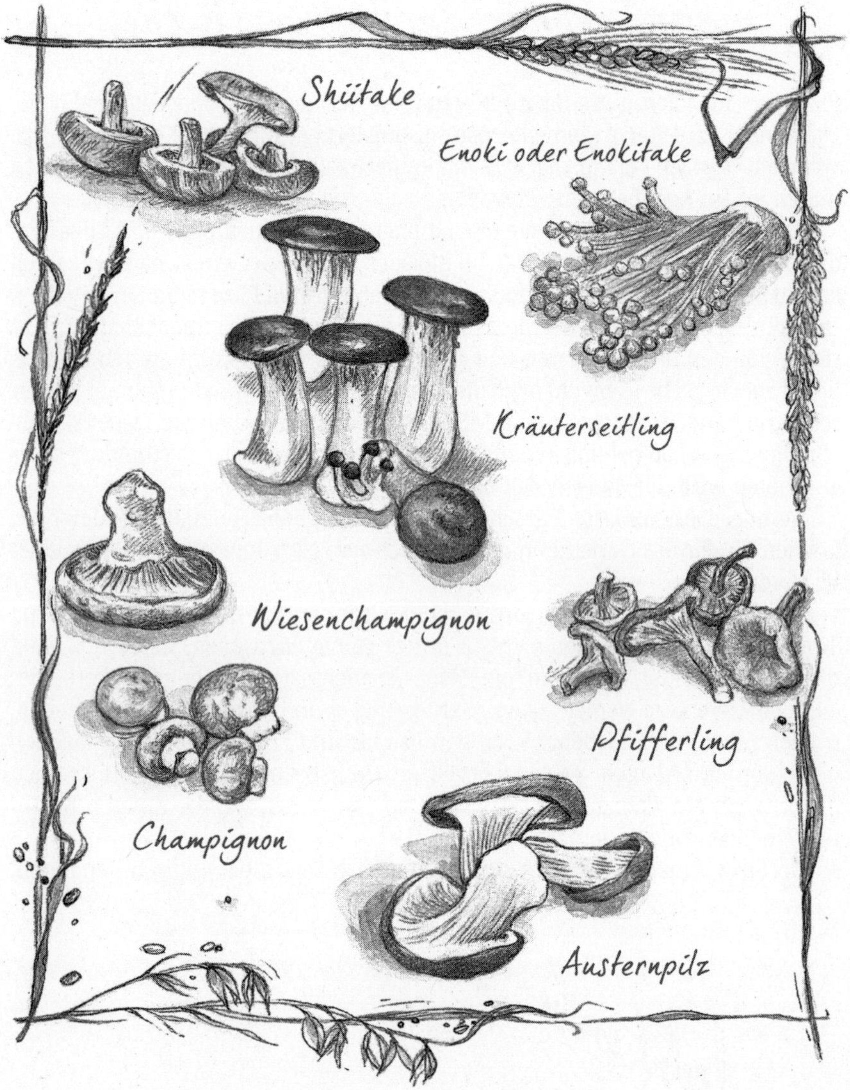
Shiitake
Enoki oder Enokitake
Kräuterseitling
Wiesenchampignon
Pfifferling
Champignon
Austernpilz

Hinweise zu den Rezepten

- Die Rezepte in diesem Buch sind immer, wenn nicht anders angegeben, für **vier Personen** berechnet.
- Wenn ich als **Zutat »Pilze nach Wahl«** schreibe, sind für dieses Gericht fast alle Arten geeignet. Entscheiden Sie selbst, welche Art gerade verfügbar ist und worauf Sie Lust haben. Auch wenn ich in einem Rezept eine bestimmte Pilzart als besonders gut geeignet empfehle, können Sie häufig andere Arten verwenden. Experimentieren Sie nach Belieben und Geschmack!
- Wählen Sie so weit wie möglich Zutaten aus **kontrolliert biologischem Anbau,** die zum Beispiel unter den Markenzeichen Bioland oder Demeter angeboten werden und die Sie überwiegend in Hof- und Naturkostläden sowie in Reformhäusern, aber auch in einigen Supermärkten mit hauptsächlich konventionellem Angebot erhalten.
- Verwenden Sie möglichst keine Zutaten mit Konservierungsmitteln, künstlichen Farbstoffen und synthetischen Vitaminen.
- **Einheimisches Obst** und **Gemüse** sollten Sie insbesondere dann verwenden, wenn es hierzulande frisch geerntet wird, dies spart Transport- und Energiekosten – und vielleicht noch wichtiger: Die verschiedenen Arten und Sorten schmecken dann am besten und natürlichsten.
- Um mehr Platz für Rezepte und Tipps zu haben, verzichte ich in den Rezepten weitgehend auf Selbstverständlichkeiten. Sie wissen selbst, dass **Obst** und **Gemüse** gut **gewaschen,** gesäubert und – wenn unbedingt erforderlich – geschält werden muss, sodass ich nicht in jedem Rezept darauf hinweise. Pilze sollten nicht gewaschen, sondern nur feucht oder trocken abgerieben werden. Hierbei kann eine weiche Bürste helfen, um eventuell anhaftenden Schmutz oder Sand zu entfernen, wobei die meisten Zuchtpilze nur wenig verschmutzt sind.
- Ich verwende **Mehl, Grieß** und **Semmelbrösel** ausschließlich aus dem **vollen Korn,** das Getreide wird bei mir immer unmittelbar vor der Verarbeitung gemahlen – so bleiben die wertvollen Bestandteile des vollen Getreidekorns am besten erhalten. Daher empfehle ich eine Getreidemühle in jedem Haushalt, in dem auf Dauer vollwertig gekocht und gebacken wird. Wenn Sie das vollwertige Kochen und Backen erst einmal testen wollen, können Sie die entsprechenden Getreidemengen meist auch im Bioladen mahlen lassen.
- Bei **Nüssen** verwende ich meist die gebräuchlichen Arten wie Haselnüsse, Erdnüsse oder Walnüsse und Mandeln. Wenn Sie darüber hinaus weniger

gebräuchliche Arten wie Cashewnüsse einsetzen, erhöhen Sie die Variationsmöglichkeiten.

- Für die Rezepte in diesem Buch und auch sonst nehme ich ausschließlich Honig oder Obst zum **Süßen.** Wer sich vegan ernährt, kann mit einem gewissen Verlust an Naturbelassenheit und Vollwertigkeit auch Sirup oder Obstdicksaft verwenden, auf raffinierten Zucker sollten Sie in jedem Fall verzichten.
- Als **Fette** wähle ich nur kalt gepresste Öle – überwiegend Sonnenblumenöl oder Rapsöl, teilweise auch Olivenöl, zum Kochen und Braten besonders gern Erdnussöl – und Butter oder reine Pflanzenmargarine. Vermeiden Sie raffinierte Öle und gehärtete Margarinen, denn diese Produkte werden in erheblichem Umfang industriell und chemisch bearbeitet.
- Bei den **Gewürzen** habe ich nicht immer und überall eine detaillierte Mengenangabe gemacht, denn wie hilfreich ist die Aussage »eine Messerspitze«? Dies kann stark variieren, je nachdem, ob Sie ein schmales oder breiteres Messer nehmen. Außerdem hat jeder seine eigenen Vorlieben und nimmt gerne mehr oder weniger Salz oder möchte ein anderes Gewürz mehr oder weniger betonen, als ich es vorgesehen habe. Gehen Sie deshalb bei den Gewürzen mit Gefühl vor und schmecken Sie Ihre Gerichte so ab, dass sie Ihnen munden.

  Wenn ich in den Rezepten bei den Zutaten Gemüsebrühe als Pulver meine, schreibe ich TL oder EL, bei flüssiger Gemüsebrühe erfolgt die Angabe in ml oder l.
- Ich verwende nur **Salz** ohne Jodzusatz, entweder Meersalz pur oder Kräutersalz in den verschiedensten Ausprägungen. Achten Sie auch beim Kauf von Bioprodukten darauf, dass Sie kein jodhaltiges Salz kaufen, denn auch im Biohandel wird es leider mitunter angeboten.
- Wenn nicht anders angegeben, beziehen sich alle Angaben zur **Backtemperatur** und **Backzeit** in diesem Buch auf einen Elektrobackofen mit Ober- und Unterhitze. Alle Angaben gelten außerdem, wenn nicht anders angegeben, für einen **nicht vorgeheizten Backofen.** Bei einem Umluftherd oder einem Gasherd beachten Sie bitte die entsprechenden Angaben des Herstellers.

  Die Angabe der Backzeit ist immer nur eine ungefähre Angabe. Die Dicke des Gebäcks und Unterschiede bei Backöfen können dazu führen, dass sich die angegebenen Zeiten verkürzen oder verlängern. Deshalb sollten Sie immer wieder einen Blick auf den Backvorgang werfen, denn zwischen noch nicht ganz fertig und verbrannt liegen oft nur wenige Minuten.

  Ich heize den Backofen meist nicht vor, wenn doch – wie bei Brandteigen –, ist es im Rezept entsprechend angegeben. Ich stelle den Kuchen also ins kalte Rohr und schalte erst dann den Ofen ein. Für dieses Vorgehen sind

die Backzeiten und Backtemperaturen in diesem Buch ausgelegt. Backöfen brauchen unterschiedlich lange, bis sie eine bestimmte Temperatur erreicht haben, je nach Art – Elektroofen oder Gasofen –, Modell und Alter. Wenn Sie im nicht vorgeheizten Backofen backen, Ihr Gebäck also in den kalten Ofen stellen und diesen erst dann anstellen, sollten Sie Ihr Gebäck – gerade bei kurzen Backzeiten – im Auge behalten.
Wenn ich in meinem Backofen mit Umluft backe, reduziere ich die Temperatur um 15 bis 20 Prozent, halte allerdings die Zeitangaben wie beschrieben ein.

- Für die **Springform,** die in einigen Backrezepten verwendet wird, ist ein Durchmesser von 26 Zentimetern vorgesehen.

Zeichenerklärung

Rezepte mit diesem Symbol sind **tierisch-eiweißfrei** und **vegan** und somit besonders gut geeignet für alle, die sich ohne tierisches Eiweiß oder vegan ernähren wollen oder müssen.

Wenn ein Rezept mit diesem Symbol gekennzeichnet ist, bedeutet dies, dass dort Milchprodukte, die **nur geringe Mengen tierisches Eiweiß** enthalten, verwendet werden, zum Beispiel Butter oder Sahne. Meist können diese Rezepte durch Ersatz von Butter durch Öl oder Pflanzenmargarine problemlos tierisch-eiweißfrei zubereitet werden. Gegebenenfalls müssen Sie außerdem den angegebenen Honig durch Sirup ersetzen, damit ein solches Rezept auch in die vegane Küche passt.

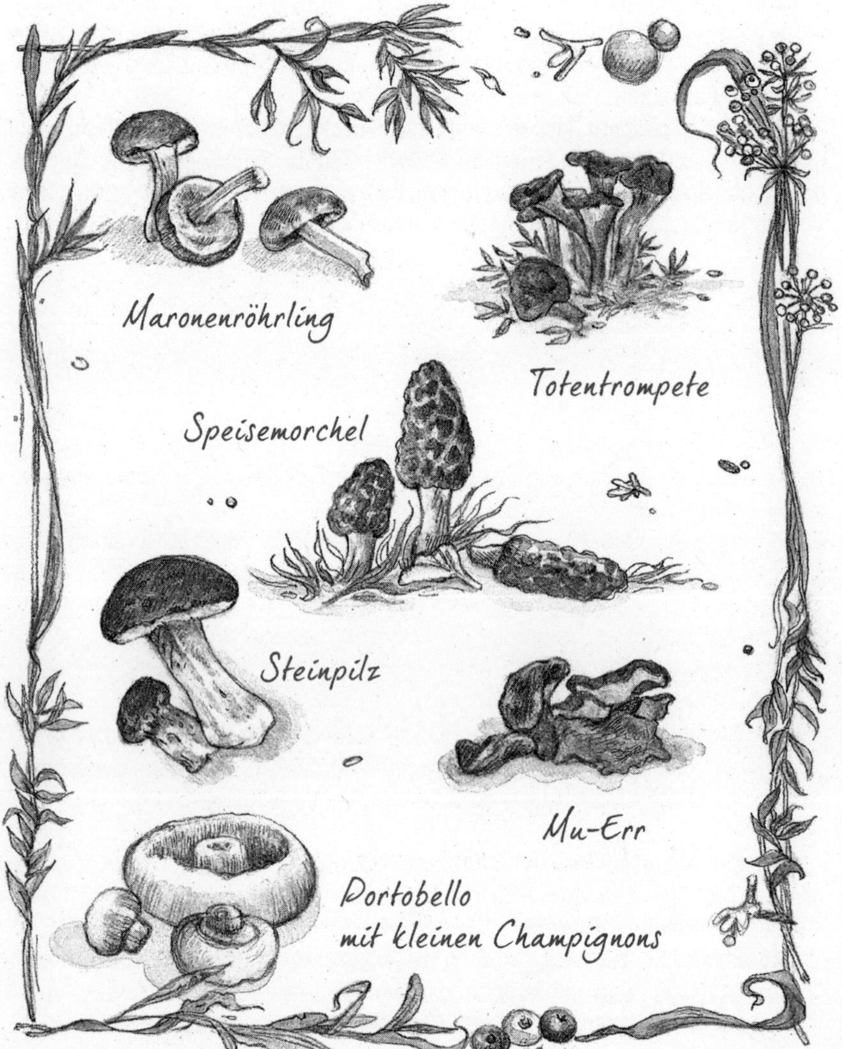
Maronenröhrling
Totentrompete
Speisemorchel
Steinpilz
Mu-Err
Portobello
mit kleinen Champignons

Pilze in der Küche

Kleine Pilzwarenkunde

Im Folgenden möchte ich Ihnen die in diesem Kochbuch verwendeten Speisepilze kurz vorstellen, wobei meine Auswahl insbesondere Zuchtpilze, aber auch einige bekannte Wildpilze enthält, die im Bioladen oder auf dem Markt üblicherweise unkompliziert erhältlich sind. Ich habe selbst das Glück, bei uns im Ort auf dem Wochenmarkt einen Händler zu kennen, der eine größere Auswahl an Zuchtpilzen anbietet.

Das Sammeln von Pilzen ist nicht Thema dieses Buches, sondern allein die schmackhafte Zubereitung der Pilze. Für das Sammeln benötigen Sie besondere Kenntnisse, um nicht aus Versehen ungenießbare oder gar giftige Pilze nach Hause zu bringen. Die genaue Bestimmung und Unterscheidung der verschiedenen Pilzarten ist nicht immer ganz einfach. Hierfür empfiehlt es sich, ein Bestimmungsbuch zur Hand zur nehmen oder an einem Pilzbestimmungskurs teilzunehmen.

Speisepilze, genauer gesagt die Fruchtkörper der Pilze, sind kalorienarm, enthalten dafür aber viel Eiweiß, wertvolle Mineralstoffe, Vitamine und Ballaststoffe. Leider reichern Pilze je nach Art und Standort aber auch Schwermetalle an, die zum Beispiel durch Industrieabfälle oder als radioaktive Isotope aufgrund des Reaktorunfalls von Tschernobyl in die Luft und in den Boden gelangen. Hiervon sind jedoch nur im Freien gesammelte Pilze in unterschiedlich großem Ausmaß betroffen. Aufgrund des meist seltenen Verzehrs ist diese Belastung jedoch in der Regel unbedenklich, allerdings sollten Sie Pilze, die an Straßenrändern, in der Innenstadt oder in bekanntermaßen belasteten Gebieten wachsen, besser nicht verzehren.

Biologisch angebaute Zuchtpilze, die ich neben Wildpilzen guter Qualität besonders empfehle, sind nicht oder kaum belastet, weil sie meist unter abgeschlossenen Bedingungen ohne Einsatz von Agrargiften gezogen werden.

Ich kaufe Pilze fast ausschließlich als frische Ware, nur chinesische Pilze und die nur selten frisch erhältlichen Morcheln kaufe ich in getrockneter Form. Auf die noch selteneren Trüffeln habe ich bei meiner Auswahl bewusst verzichtet.

Manchen Pilzen, insbesondere Arten aus dem asiatischen Raum mit langer Tradition, werden gesundheitsfördernde und heilsame Wirkungen nachgesagt, auf die ich bei den einzelnen Arten im Folgenden gegebenenfalls hinweise.

Austernpilz

Der Austernpilz oder Austernseitling *(Pleurotus ostreatus)* lebt in der freien Natur vor allem auf lebendem oder totem Laubholz. Man findet ihn überwiegend im Herbst und im Winter. Die Pilze haben muschelförmige Hüte mit Durchmessern zwischen 5 und 15 Zentimetern, die meist dachziegelartig übereinander wachsen.

Austernseitlinge aus Kultur sind regelmäßig im Handel erhältlich, wobei Sie darauf achten sollten, keine allzu großen Pilze zu wählen, weil diese häufig leicht bitter schmecken.

Der Pilz besteht zu einem Viertel aus Eiweiß und aus nur sehr wenig Fett, sein Stiel ist zwar etwas fester, kann aber sehr gut mitgegessen werden und verleiht manchen Gerichten einen besonderen Biss.

Waschen Sie Austernseitlinge auf keinen Fall, sondern reiben Sie sie nur feucht ab, weil der Pilz sonst leicht wässrig und zäh wird. Der Verzehr von Austernseitlingen soll sich günstig auf den Cholesterinspiegel auswirken und auch eine tumorhemmende Wirkung wird derzeit diskutiert.

Champignon

Hierzulande findet man verschiedene wild wachsende Champignonarten, wobei einige Arten schwach giftig sind. Anfänger unter den Pilzsammlern können einen Champignon außerdem durchaus mit den tödlich giftigen Knollenblätterpilzen verwechseln. Die wild wachsenden, essbaren Champignonarten sind meist gelblich gefärbt und haben einen mehr oder weniger starken Anisduft oder einen schwachen Geruch nach Mandeln oder Bittermandeln.

Champignons werden aber meist aus Kultur als Zuchtchampignons *(Agaricus bisporus)* angeboten, bei denen keinerlei Verwechslungsgefahr besteht. Man kann die Pilze auch selbst ziehen. Für den kleineren Haushalt ist das allerdings weniger empfehlenswert, weil die Pilze meist gleichzeitig erntereif werden und die Menge dann kaum verarbeitet werden kann.

Der Pilz sollte Biss haben und knackig sein. Die braune Variante ist aromatischer als die helle und bleibt auch länger knackig, daher verwende ich meist diese Sorte.

Champignons enthalten viele B-Vitamine, die sich günstig auf die Blutbildung, den Knochenbau und die Nervenstärke auswirken. Mit seinem hohen Kaliumgehalt und niedrigen Gehalt an Natrium, Purin und Glukose ist der Pilz auch für Diabetiker und Gichtkranke gut geeignet. Außerdem wirkt er blutdrucksenkend. Der Champignon kann auch roh gegessen werden – anders als die meisten anderen Pilze.

Chinesische Pilze

Chinesische Pilze – genauer gesagt Pilze, die in den ostasiatischen Ländern in der Küche und zu Heilzwecken eingesetzt werden – erhält man hierzulande meist in getrockneter Form oder in Dosen, mitunter aber auch frisch.

Am bekanntesten sind neben dem Shiitake, der unschwer auch frisch erhältlich ist, die Enoki und die Mu-Err-Pilze.

Der Enoki – ein kleiner Pilz mit winzigem weißen Hut und langem dünnen Stiel, meist als »Sträußchen« zu mehreren angeboten – ist eine kultivierte Form des Samtfußrüblings *(Flammulina velutipes)*. Einige Pilzzüchter bieten ihn hierzulande auch als Frischware in Bioqualität an, ansonsten ist er frisch in vielen asiatischen Lebensmittelgeschäften erhältlich. Der Mu-Err oder Wolkenohrenpilz ist ein auch hierzulande heimischer Pilz. Bei uns heißt er Judasohr *(Auricularia auricula-judae)*. Der Pilz ist braun, lappenartig und meist in getrockneter Form erhältlich. Vor der Verwendung wird er eingeweicht, anschließend gesäubert und entstielt.

Shiitake, Enoki und Mu-Err gelten als entzündungshemmend und immunsystemstärkend, sie sollen sich günstig bei Bluthochdruck auswirken und bei Arteriosklerose helfen. Darüber hinaus gibt es noch weitere Pilze aus dem ostasiatischen Raum, die in der traditionellen Medizin und Küche verwendet werden und hierzulande meist getrocknet erhältlich sind.

Kräuterseitling

Der wohlschmeckende Kräuterseitling *(Pleurotus eryngii)* hat eine ähnliche Konsistenz wie der teurere Steinpilz. Seinen Namen hat er nicht, weil er nach Kräutern schmeckt, sondern weil er auf den Wurzeln der krautigen Doldenblütler gedeiht. Er kann als Zuchtpilz auf pflanzlichem Substrat gezogen werden, ist allerdings noch nicht sehr lange aus Kultur erhältlich.

Wissenschaftler vermuten cholesterinspiegelregulierende und tumorhemmende Wirkungen des Kräuterseitlings, in der chinesischen Medizin wird er zur Entspannung bei Muskelschmerzen und Sehnenproblemen eingesetzt.

Der Pilz muss nicht gewaschen werden, vorsichtiges Abreiben genügt vollkommen. Schneiden Sie die Stiele sehr dünn, weil sie häufig etwas zäh sind.

Maronenröhrling

Der Maronenröhrling *(Boletus badius)* wird mitunter auch Braunkappe oder Marone genannt. Manch einer lässt sich von der Blaufärbung von Röhren und Fleisch aufgrund von Druck oder Verletzung abschrecken und hält den schmackhaften Pilz – völlig unbegründet – für giftig.

Das Pilzfleisch ist weißlich, unter dem meist dunkelbraunen Hutrand auch bräunlich, der Hutrand hat große Ähnlichkeit mit Kastanien. Bei Maronenröhrlingen ist es besonders wichtig, dass sie nicht gewaschen werden, weil sich die Röhren schnell mit Wasser vollsaugen. Man findet den Pilz von Juli bis November vorwiegend im Nadelwald. Zu dieser Zeit wird er auch auf dem Markt angeboten.

Morchel

Weil Morcheln *(Morchella)*, zum Beispiel die Speisemorchel oder die Spitzmorchel, begehrt, leider aber auch selten sind und es sie noch seltener zu kaufen gibt, sind sie sehr teuer, sodass sie häufig nur getrocknet erhältlich sind. Morcheln stehen hierzulande unter Naturschutz und dürfen nicht gesammelt werden. Bei uns erhältliche Morcheln werden deshalb im Ausland gesammelt. Bisherige Zuchtversuche zeigen, dass es noch ein weiter Weg ist, bis man Zuchtmorcheln kaufen kann.

Frische Morcheln sollten genauso wie getrocknete, eingeweichte Exemplare unbedingt gewaschen werden. Dazu halbiert man sie in Längsrichtung. Frische Pilze sollten Sie allerdings nie sehr lange im Wasser liegen lassen.

Morcheln sollten immer gut gekocht und auf keinen Fall roh verzehrt werden, weil sie im rohen Zustand leicht giftig sind.

Pfifferling

Der Pfifferling oder Eierschwamm *(Cantharellus cibarius)* ist ein beliebter Speisepilz. Kaufen Sie keine ganz kleinen Pfifferlinge, weil sehr klein geerntete Pilze noch keine Sporen gebildet haben, was für die Arterhaltung notwendig ist. Pilze von etwa 5 Zentimeter Größe eignen sich am besten.

Frische Pfifferlinge sind hierzulande von Juni bis November erhältlich und stammen aus Wildsammlungen. Aus Kultur gibt es ihn nicht zu kaufen, weil ein Anbau nicht möglich ist. Die Pilze sollten bevorzugt frisch verarbeitet werden, weil sie beim Einfrieren bitter und beim Trocknen zäh werden. Essen Sie Pfifferlinge – trotz ihres delikaten Geschmacks – weder roh noch in allzu großen Mengen, weil sie etwas schwer verdaulich sind.

Portobello

Der Portobello ist ein robuster, brauner Zuchtchampignon mit sehr großem, geöffnetem Hut von 10 bis 15 Zentimeter Durchmesser und daher besonders gut zum Füllen und Braten, paniert oder unpaniert, geeignet. Es handelt sich bei diesem Pilz um keine eigene Art. Portobello sind zum Beispiel im gut sortierten Gemüsefachhandel erhältlich.

Shiitake

Der Shiitake *(Lentinula edodes)* ist ein Baumpilz, der in China, Japan und Korea bereits seit über tausend Jahren kultiviert wird. Der Pilz ist neben dem Champignon der weltweit am häufigsten angebaute Speisepilz, er hat einen hellen bis dunkelbraunen Hut, der bei jungen Pilzen eingerollt ist. Sein feiner und angenehmer Geschmack eignet sich für viele Gerichte. Der Pilz wird in der Regel frisch verwendet, man kann ihn aber auch trocknen oder getrocknet kaufen.

Shiitake enthält wie andere Pilze hochwertiges Eiweiß, wertvolle Mineralstoffe, Vitamine und Ballaststoffe. Der Pilz ist besonders reich an Folsäure und enthält mit Ergosterin eine Vorstufe von Vitamin D. Dem Pilz wird ein hoher gesundheitlicher Wert nachgesagt, er soll für festes Bindegewebe sorgen, dient als Immunstabilisator und soll tumorhemmend sein. In Japan ist er als Medikament gegen Magenkrebs zugelassen. In der chinesischen Medizin setzt man ihn auch bei Bluthochdruck, Gelenkentzündungen oder rheumatischen Beschwerden ein.

Steinpilz

Der Steinpilz oder Fichtensteinpilz *(Boletus edulis)* gilt als Delikatesse, sein mildes, nussartig schmeckendes Fleisch ist weiß und fest, ältere Pilze werden schwammig.

Junge Steinpilze lassen sich mit ihrem Aroma nach grünen Haselnüssen auch roh verzehren, zum Beispiel in hauchdünne Scheiben geschnitten im Salat.

Steinpilze eignen sich neben der Frischverwertung auch sehr gut zum Einlegen in Essig oder Olivenöl und zum Trocknen, weil der Pilz sein charakteristisches Aroma dabei behält. Hierfür schneidet man den Hut mit den Röhren in Scheiben. Frische Steinpilze sind hierzulande ab Juni, manchmal schon im Mai, und in größeren Mengen ab August bis Oktober erhältlich. Wie der Pfifferling oder der Maronenröhrling kann der Steinpilz nicht kultiviert werden, weil er nur in Symbiose mit bestimmten lebenden Bäumen gedeiht. Angebotene Pilze stammen aus Wildsammlungen. In der traditionellen chinesischen Medizin wird der Steinpilz zum Beispiel zur Anregung der Durchblutung und zur Entspannung von Gelenken und Muskeln verwendet.

Totentrompete

Der düstere Name der wohlschmeckenden, vielseitig verwendbaren Totentrompete *(Craterellus cornucopioides)* – auch Herbsttrompete genannt – kommt wohl von ihrer dunkelgrauen bis tiefschwarzen Farbe, mit der sich optisch allerdings ganz besondere Akzente setzen lassen. Sie können den Pilz für Soßen, Suppen, Eintöpfe und als Füllung verwenden. Getrocknet entwickelt die Totentrompete eine starke und delikate Würzkraft und ist lange haltbar. Der frische Pilz ist hierzulande ab Mitte August auf dem Markt erhältlich, in größeren Mengen vor allem im September und Oktober. Er stammt aus Wildsammlungen und kann nicht gezüchtet werden.

Pilze aufbewahren und konservieren

Allgemein sollten Sie frisch gekaufte oder gesammelte Pilze möglichst noch am gleichen Tag verzehren, weil Pilze rasch verderben und auch das Aroma mehr und mehr leidet, je länger die Pilze nach der Ernte auf die Verwertung warten müssen. Frische Pilze können aber auch drei bis fünf Tage im Gemüsefach des Kühlschranks oder im kühlen Keller aufbewahrt werden – am besten locker und luftig in einer Papiertüte oder in einem Pappkarton verpackt.

Viele Pilzarten lassen sich neben der Frischverwertung auch trocknen oder in Essig oder Öl einlegen und so für einige Zeit konservieren. Das bietet sich vor allem dann an, wenn Sie sehr viele Pilze gekauft oder gesammelt haben und diese nicht alle auf einmal essen können.

Eingelegte Pilze

Haben Sie zu viele Pilze gekauft oder gesammelt oder möchten Sie für ein Menü oder Büfett mehrere Gerichte vorbereiten und haben deshalb wenig Zeit? Dann ist die folgende Zubereitung genau das Richtige für Sie.

250 g gemischte Pilze nach Wahl	ausnahmsweise kurz vor dem Kochen waschen, je nach Größe halbieren oder vierteln und gegebenenfalls auch in Scheiben schneiden. Aus
Majoran, Basilikum, Thymian	und
Lorbeerblatt	– jeweils getrocknet – eine fein zerkleinerte Mischung herstellen und ½ EL dieser Mischung in ein Stoffsäcklein oder eine Papierfiltertasche geben.
1 Knoblauchzehe	schälen und halbieren. Die Knoblauchzehe mit
2 EL Meersalz	und
einigen schwarzen Pfefferkörnern	in
400 ml Wasser	aufkochen und die Kräutermischung dazugeben.
1 Frühlingszwiebel	in dünne Ringe schneiden und mit den Pilzen in das Wasser geben. Gut 5 Minuten köcheln lassen. Die Flüssigkeit durch ein Sieb abgießen, die Kräutermischung entfernen und die Pilze abkühlen lassen.

2 – 3 Bärlauchblätter	in schmale Streifen schneiden und mit
150 ml weißem Balsamicoessig	verrühren. Die abgekühlten Pilze in ein Schraubglas geben. Die Bärlauch-Essig-Mischung darübergeben, gegebenenfalls noch etwas Essig dazugeben, damit die Pilze ganz bedeckt sind. Das Glas fest verschließen und am besten im Kühlschrank aufbewahren. So halten sich die eingelegten Pilze längere Zeit.

Tipps: Nehmen Sie nur halb so viel Essig und füllen ihn mit Wasser auf die angegebenen 150 ml auf. Dann schmecken die Pilze milder, lassen sich aber nur wenige Tage aufbewahren.
Legen Sie die Pilze statt in Essig zur Abwechslung auch einmal in Öl, zum Beispiel in natives Olivenöl, ein.

Getrocknete Pilze

Viele Pilzarten – zum Beispiel der Steinpilz, der Maronenröhrling oder die Totentrompete, weniger der Pfifferling – lassen sich auch hervorragend trocknen und dadurch haltbar machen. Das empfiehlt sich in erster Linie für selbst gesammelte Pilze, wenn Sie beim Sammeln mehr Pilze als nur für ein Gericht ins Netz gepackt haben. Am besten ist natürlich die Sonnentrocknung, die ohne Hilfsmittel hierzulande aber nur an sehr heißen Tagen möglich ist, weil auf der Trockenfläche Temperaturen von 50 bis 70 °C erreicht werden sollten. Als Ersatz bietet sich ein Dörrautomat oder auch ein Umluftherd an, günstig ist auch ein Kachelofen.

500 g Pilze nach Wahl

mit einem trockenen Tuch reinigen und in dünne Scheiben schneiden. Pilzscheiben in den Dörrautomat oder auf einem Backblech in den Backofen mit Umluftfunktion geben. Die Pilze im Backofen bei 50 – 80 °C und eingeschalteter Umluft je nach Pilzdicke und Geräteanweisung 30 – 120 Minuten trocknen. Pilze anschließend abkühlen lassen, dann in Schraubgläser füllen und diese mit der Pilzart und dem Trocknungsdatum beschriften. Die Gläser dunkel und trocken aufbewahren.

Pilzpulver

Getrocknete Pilze können Sie auch gleich zu Pilzpulver weiterverarbeiten, das sich gut zum Würzen von Soßen und Suppen verwenden lässt. Der nicht unerhebliche Zeitaufwand lohnt sich dafür allemal.

300 g getrocknete Pilze	in einem Kräutermixer staubfein zerkleinern und das Pilzpulver dann gegebenenfalls durch ein Sieb in ein Schraubglas füllen.

Salate und Pilze fast pur

Pilze eignen sich hervorragend für Salate und kalte Vorspeisen, die wesentliche Bestandteile einer gesunden Ernährung und besonders der vegetarischen Vollwerternährung sind. Angebraten oder auch roh – Letzteres vor allem bei Champignons –, sind sie wertvolle und geschmacklich willkommene Ergänzungen in Rohkostsalaten, aber auch in Salaten mit gekochtem Gemüse oder Kartoffeln.

Weil man in den nordischen Ländern, vor allem auch in Finnland, viele Pilze findet, gibt es in den landestypischen Küchen eine Vielzahl entsprechender Rezepte. Daher möchte ich dieses Buch mit einem Rezept aus dem nordischen Seenland beginnen.

Finnischer Pilzsalat

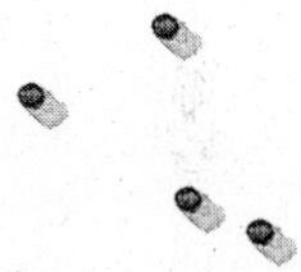

125 ml Wasser	mit
2 EL Zitronensaft,	
1 EL Traubensaft,	
einigen Pfefferkörnern	und
1 Lorbeerblatt	aufkochen.
250 g Steinpilze	in die Flüssigkeit geben. Einige Minuten köcheln lassen, auf der ausgeschalteten Herdplatte noch 10 Minuten ziehen und dann abtropfen lassen.
100 ml Schlagsahne	halbsteif schlagen.
30 g Zwiebeln	schälen, reiben und mit
1 EL Zitronensaft	zur Sahne geben. Sahne mit
Kräutersalz,	
frisch gemahlenem	
schwarzen Pfeffer,	
Paprikapulver	und
Senfpulver	würzen.
1 Eissalat	bis auf einige größere Blätter zerpflücken. Mit diesen größeren Blättern eine Salatschüssel auslegen. Die zerrupften Blätter mit den Pilzen mischen, mit der Sahnesoße übergießen und mit
Kresse	bestreut servieren.

Tipps: Statt der Steinpilze können Sie Pfifferlinge verwenden und statt Eissalat mittelgroße Chinakohlblätter.

Wenn es im Wald im Frühjahr intensiv nach Knoblauch duftet und der Park in Putbus auf Rügen in Weiß erstrahlt, ist es Zeit, Bärlauch zu ernten und zu genießen. Hierfür eignet sich hervorragend dieser eigenwillige Salat, von dem ich einfach begeistert bin.

Süßkartoffelsalat mit Bärlauch und Champignons

500 g Süßkartoffeln	in Wasser mit
etwas Meersalz	je nach Dicke 30 – 35 Minuten köcheln lassen, anschließend schälen und in kleine Würfel schneiden.
200 g Champignons	in dünne Scheiben schneiden.
100 g Bärlauchblätter ohne Stiele	in etwa 1 cm breite Streifen schneiden und mit den Pilzen zu den warmen Süßkartoffeln geben.
2 EL saure Sahne	mit
1 TL Sanddornsaft,	
2 EL Balsamicoessig	und
4 EL Rapsöl	gut verrühren, mit
frisch gemahlenem schwarzen Pfeffer,	
Meersalz	und
gemahlenem Kreuzkümmel	würzen und diese Marinade über die Süßkartoffeln und den Bärlauch geben. Gut durchmischen und einige Minuten ziehen lassen.

Tipps: Wer möchte, gibt noch eine klein geschnittene Frühlingszwiebel oder einen halben grob geraspelten, säuerlichen Apfel oder etwas gewürfelten Käse dazu. Einen Teil des Bärlauchs können Sie auch durch jungen Spinat ersetzen. Sowohl geschmacklich als auch optisch interessant wirkt der Salat, wenn Sie ein Drittel bis die Hälfte der Süßkartoffeln durch Kartoffeln ersetzen.

Rot, grün, weiß und gelb, dazu die dunkel gebratenen, marinierten Pilze: Da läuft schon beim Anschauen das Wasser im Mund zusammen und beim Essen steigt der Genuss noch mehr.

Sommersalat mit Austernpilzen

2 EL Obstessig	mit
50 ml Gemüsebrühe,	
4 EL Olivenöl,	
Kräutersalz,	
frisch gemahlenem	
schwarzen Pfeffer,	
Paprikapulver	und
mehreren klein geschnittenen	
Basilikumblättern	zu einer Marinade verrühren.
200 g Austernpilze	in
2 EL Öl	anbraten, bei starker Hitze unter Rühren einige Minuten braten, aus der Pfanne nehmen, in die Marinade geben und etwa 30 Minuten durchziehen lassen.
300 g Tomaten	achteln,
300 g Gurken	in kleine Würfel schneiden,
200 g Rettich	in Scheiben schneiden,
½ gelbe Paprikaschote	in Streifen schneiden.
100 g Gouda	in Streifen schneiden. Gemüse und Käse zu den Pilzen geben, gut durchmischen und nochmals 10 Minuten ziehen lassen. Mit
klein geschnittenem	
Schnittlauch	bestreut servieren.

Tipps: Versuchen Sie statt Gouda einmal Emmentaler oder Schafskäse.
Statt der gebratenen Austernpilze schmecken auch Steinpilzscheiben oder rohe Champignons sehr gut.

Der folgende Salat ist die Weiterentwicklung eines meiner absoluten Lieblingssalate, dessen Hauptbestandteile Tomaten und Bananen sind. Durch die Pilze wird dieser Salat noch getoppt.

Pfifferlings-Tomaten-Salat spezial

150 g Pfifferlinge 2 EL Öl	einige Minuten unter Rühren in anbraten.
1 Zwiebel	schälen und nicht zu fein schneiden.
600 g Tomaten	vierteln oder achteln.
2 EL Balsamicoessig 30 ml Gemüsebrühe, 4 EL Olivenöl, Kräutersalz, frisch gemahlenem schwarzen Pfeffer Paprikapulver	mit und zu einer Marinade verrühren. Pfifferlinge, Zwiebel und Tomaten in eine Schüssel geben, die Marinade darübergießen und gut verrühren.
1 Banane	schälen, in Scheiben schneiden und unter den Salat heben.
klein geschnittenem Schnittlauch	Einige Minuten durchziehen lassen, dann mit bestreut servieren.

Tipps: Wählen Sie statt der Pfifferlinge frische Champignons, die Sie nicht anbraten müssen, sondern auch roh essen können.
Geben Sie statt einer Banane zwei Bananen zu den Tomaten und Pfifferlingen und verwenden Sie statt Balsamicoessig kräftigen Obstessig.
Auch frisch geriebener Ingwer passt in die Marinade.
Geben Sie noch Rucola oder junge Spinatblätter dazu.

Spargel gilt als König der Gemüse. Der folgende Salat macht diesem Titel alle Ehre, wobei Sie sowohl weißen als auch grünen Spargel oder eine Mischung von beiden verwenden können. Besonders gut passt dazu der Sanddorn in der Marinade.

Spargelsalat mit Sanddornmarinade

300 g Spargel	schälen, in 3 cm lange Stücke schneiden, je nach Dicke der Stangen 8 – 10 Minuten in
300 ml Gemüsebrühe	köcheln lassen, herausnehmen und abtropfen lassen.
300 g Champignons	in dünne Scheiben schneiden. Aus
1 EL honiggesüßtem Sanddornsaft, 3 – 4 EL saurer Sahne, 1 EL Apfelessig, 2 EL Rapsöl, Kräutersalz, frisch gemahlenem schwarzen Pfeffer	und
Cayennepfeffer	eine Marinade rühren und diese über die Pilze gießen. Dann die Spargelstücke unterrühren und einige Minuten ziehen lassen. Mit
klein gehacktem Schnittlauch	bestreuen und servieren

Tipps: Als Veganerin oder Veganer nehmen Sie statt saurer Sahne Gemüsebrühe und verwenden puren Sanddornsaft, den Sie mit 1 TL Sirup verrühren. Statt Rapsöl passt auch Sonnenblumenöl in die Marinade. Von Olivenöl rate ich dagegen ab, weil dieses Öl den Sanddornsaft geschmacklich übertrumpfen könnte. Lecker sind auch gebratene Shiitake statt der Champignons.

Ein herber und geschmacksintensiver Salat, der optisch vor allem durch die rotweißen Blätter des Treviso – *Radicchio rosso di Treviso* – gewinnt.

Rucola-Chinakohl-Salat mit Kräuterseitlingen

100 g Rucola	von den Stielen befreien.
250 g Chinakohl	in schmale Streifen schneiden.
2 – 3 Blätter Treviso	und
3 – 4 Blätter Chicorée	in Streifen schneiden.
	Alle Salatblätter in einer Schüssel vermischen.
200 g Kräuterseitlinge	halbieren oder vierteln und in
50 g Butter	unter Rühren anbraten. Pilze mit
1 EL körniger Gemüsebrühe	bestreuen und einige Minuten weiterbraten. Dann zum Salat geben. Aus dem
Saft einer halben Orange, 1 EL Balsamicoessig, 2 EL Joghurt, 3 EL Olivenöl, Kräutersalz, frisch gemahlenem schwarzen Pfeffer	und
Paprikapulver	eine Marinade herstellen, diese über die Pilze und die Blätter gießen und gut durchrühren. Einige Minuten ziehen lassen und dann servieren.

Tipps: Veganer nehmen statt Joghurt 50 ml Gemüsebrühe und braten die Pilze in Öl an. Geben Sie nach Belieben noch grob geraspelten schwarzen Rettich oder geraspelte Möhren dazu.

Ein Salat, der einige Stunden kühl gestellt werden muss und sich deshalb nicht auf die Schnelle genießen lässt – sich andererseits aus dem gleichen Grund besonders gut eignet, wenn Sie für ein Büfett oder ein umfangreiches Menü noch vieles andere vorbereiten möchten. Wichtig für das Gelingen ist das richtige Dickungsmittel, das auch die kalte Marinade gut verfestigen muss.

Pilzhaube

200 g Pilze nach Wahl	halbieren, größere vierteln, bei großer Hitze in
2 EL Butter	unter Rühren einige Minuten braten. Aus
300 g saurer Sahne, 2 EL hellem Balsamicoessig, 2 – 3 EL Olivenöl, Kräutersalz, frisch gemahlenem schwarzen Pfeffer, klein geschnittenem Basilikum	und
2 – 3 Tropfen Tabascosoße	eine Marinade anrühren. Direkt vor der Weiterverwendung dieser Marinade
1 gehäuften TL Guarkernmehl	klumpenfrei einrühren. Eine Glasschale mit Frischhaltefolie auslegen und die Pilze hineingeben.
1 kleines Bund Schnittlauch oder Petersilie	klein schneiden oder hacken und über die Pilze streuen. Mit einem Teil der Marinade begießen oder die Marinade löffelweise darübergeben.
200 g Möhren	grob raspeln, in der Schüssel verteilen und wieder mit etwas Soße bedecken.
250 g Gurken	und
250 g Tomaten	fein würfeln, mischen, in die Schüssel geben und mit der restlichen Soße bedecken. Im Kühlschrank 6 – 12 Stunden zugedeckt kühl stellen. Eine größere Platte über die Schüssel legen, beides umdrehen, die Schüssel und die Folie entfernen und den Salat servieren.

Natürlich ist eine Sülze kein Salat, als kaltes Gericht passt sie aber am besten in dieses Kapitel. Das verwendete Gemüse bleibt dabei fast roh.

Vegetarische Champignonsülze

2 Eier	10 Minuten in Wasser köcheln lassen. Anschließend abschrecken, schälen und in Scheiben schneiden.
200 g Champignons	in Scheiben und
1 rote Paprikaschote	in Streifen schneiden.
½ Zwiebel	schälen und fein würfeln. Champignons, Paprika und Zwiebel in
20 g Butter	anbraten, unter Rühren einige Minuten weiterbraten und
gegebenenfalls 50 ml Gemüsebrühe	dazugießen.
½ Bund Petersilie	fein hacken.
600 ml Gemüsebrühe	aufkochen, mit
Kräutersalz, Paprikapulver	und
frisch gemahlenem schwarzen Pfeffer	würzen.
2 TL Agar-Agar	in
2 EL Wasser	auflösen, in die Gemüsebrühe rühren, nochmals aufkochen lassen und
1 TL Apfelessig	einrühren. Vier Teller kalt ausspülen. In jeden Teller etwas Brühe gießen, darin die Pilze, Eier, Paprika und Zwiebel verteilen und mit der restlichen Brühe übergießen. Abkühlen und anschließend einige Stunden im Kühlschrank fest werden lassen.

Tipps: Wer sich vegan ernährt, nimmt statt der Eier etwas mehr Gemüse. Braten Sie die Pilze in diesem Fall in Öl an.
Im Winter können Sie statt der Paprikaschote auch gestiftelte Möhren oder Hokkaidokürbis verwenden.

Wird man als Vegetarier oder Veganer zum Grillabend eingeladen, fragen Freunde mitunter, was sie für die Gäste grillen können. Hier die Antwort, die auch im Freien auf dem Grill sehr gut funktioniert.

Champignons gegrillt

2 EL Olivenöl	mit
1 EL Zitronensaft,	
Meersalz	und
frisch gemahlenem	
weißen Pfeffer	verrühren.
500 g Champignons	in diese Marinade einlegen und einige Male wenden. Die marinierten Pilze anschließend auf vier Spieße stecken.
4 kleine Tomaten	kreuzweise an den Unterseiten einschneiden, die Stängelansätze entfernen und die Tomaten auf die Spieße stecken. Die Spieße mit der restlichen Marinade bestreichen und 5 Minuten im vorgeheizten Grill rösten. Vor dem Servieren mit
1 EL Zitronensaft	beträufeln und mit
klein geschnittener Petersilie	
oder geschnittenem	
Schnittlauch	bestreuen.

Tipp: Wenn Sie keinen Grill oder im Backofen keine Drehvorrichtung für Grillspieße haben, legen Sie die Spieße auf den Grillrost und grillen sie unter häufigem Wenden bei geöffneter Backofentür.

Mit diesem Rezept lässt sich der natürliche Pilzgeschmack frischer, roher Champignons noch verbessern – probieren Sie es aus!

Marinierte Champignons

250 g Champignons	in dünne Scheiben schneiden. Aus
2 – 3 EL Apfelessig, 50 ml Gemüsebrühe, 3 – 4 EL Rapsöl, Kräutersalz, frisch gemahlenem schwarzen Pfeffer, Paprikapulver, gerebeltem Majoran	und
frisch geriebenem Ingwer	eine Marinade herstellen und gut verrühren. Die Marinade über die geschnittenen Champignons gießen und gut mischen. Mehrere Stunden durchziehen lassen, dabei gelegentlich umrühren. Mit
klein geschnittenem Schnittlauch	bestreut servieren.

Tipp: Bewahren Sie die Pilze nicht länger auf, sondern verzehren Sie sie gleich nach dem Durchziehen.

Ein weiteres Rezept für marinierte Pilze – auch mit dieser Marinade schmecken sie ganz ausgezeichnet.

Marinierte Pilze

250 g gemischte Pilze nach Wahl	in nicht zu dicke Scheiben schneiden.
1 Knoblauchzehe	schälen, klein schneiden und mit den Pilzen in
1 – 2 EL Olivenöl	anbraten. So lange dünsten, bis die aus den Pilzen austretende Flüssigkeit fast verdampft ist. Dann weitere
1 – 2 EL Olivenöl, 2 EL Balsamicoessig, klein geschnittenen Rosmarin, klein geschnittenen Salbei	und
klein geschnittenes Basilikum	dazugeben und kurz aufkochen. Mit
Kräutersalz, frisch gemahlenem schwarzen Pfeffer	und
sehr wenig Honig oder Sirup	würzen, vom Herd nehmen und mehrere Stunden durchziehen lassen. Vor dem Servieren mit
gehackter Petersilie	bestreuen.

Tipps: Wenn Ihnen Olivenöl zu geschmacksintensiv ist, wählen Sie Rapsöl oder Sonnenblumenöl. Statt mit Knoblauch schmeckt diese Marinade auch mit Ingwer sehr gut.

Suppen und Eintöpfe

Früher war ich ein echter Suppenkasper und habe um Suppen nach Möglichkeit einen großen Bogen gemacht, erst seit ich mich vollwertig ernähre, habe ich sie schätzen gelernt. Auch Eintöpfe zählen – vor allem, seit ich die indische Küche kennengelernt habe – zu meinen bevorzugten Mahlzeiten.

Beginnen möchte ich dieses Kapitel mit einer Suppe aus den fast klassisch zu nennenden Zutaten Kartoffeln und Lauch. Diese Kombination garantiert an sich beinahe schon eine vorzügliche Suppe und die Pilze sind dann das Tüpfelchen auf dem i.

Lauchsuppe mit Pilzen

300 g Kartoffeln	schälen, in etwa 1 cm große Würfel schneiden, in
400 ml Gemüsebrühe	aufkochen und 15 Minuten köcheln lassen.
300 g Lauch	in etwa 1 cm breite Streifen schneiden.
250 g Pilze nach Wahl	halbieren, größere vierteln. Lauch und Pilze zu den Kartoffeln geben und 5 weitere Minuten köcheln lassen. Mit
Kräutersalz, gerebeltem Majoran, frisch geriebenem Muskat, frisch gemahlenem schwarzen Pfeffer,	
Cayennepfeffer	und
Paprikapulver	kräftig würzen,
gegebenenfalls noch etwas Gemüsebrühe	dazugeben.
2 Eigelb	mit
2 – 3 EL Schlagsahne	und 50 ml Brühe aus dem Topf verrühren und langsam in die Suppe einfließen lassen. Dabei rühren. Nochmals bis kurz vor den Siedepunkt erhitzen und dann sofort vom Herd nehmen.
½ Bund Petersilie	fein hacken und die Suppe vor dem Servieren damit bestreuen.

Tipps: Nehmen Sie etwas weniger Lauch und dafür eine entsprechende Menge grob geraspelter Möhren oder geraspelten Kürbis.
Die Suppe schmeckt auch ohne Eigelb, dafür dann etwas mehr Schlagsahne nehmen. Diese lässt sich auch durch saure Sahne oder Crème fraîche ersetzen.

Belgien mag zwar nicht als erste Adresse für Kochrezepte gelten, trotzdem finden sich auch dort immer wieder interessante Köstlichkeiten.

Brüsseler Champignonrahmsuppe

2 Eier	10 Minuten in Wasser kochen, abkühlen lassen, schälen und grob hacken.
500 g Champignons	mit
wenig Gemüsebrühe	pürieren.
1 Zwiebel	schälen, fein würfeln, in
40 – 50 g Butter	anbraten, dann das Pilzpüree dazugeben und alles zusammen 5 Minuten dünsten.
30 g Weizen	mahlen und über die Pilzmasse stäuben.
750 ml Gemüsebrühe	dazugießen, klumpenfrei verrühren, nochmals 5 Minuten köcheln lassen und anschließend mit
Kräutersalz,	
Paprikapulver	und
frisch gemahlenem	
schwarzen Pfeffer	würzen. Vom Herd nehmen,
250 ml Schlagsahne	und die Eier in die Suppe rühren.
Petersilie	klein hacken und die Suppe vor dem Servieren damit bestreuen.

Tipps: Pürieren Sie nur 400 g Pilze und schneiden Sie die restlichen 100 g in nicht zu große Stücke.
Verwenden Sie auch einmal Joghurt statt Schlagsahne.

Ingwer wird nicht nur in der indischen und asiatischen Küche verwendet, sondern zunehmend auch hierzulande. Man kann ihn beim Gemüsehändler, im Bioladen und im Supermarkt kaufen. Ich habe immer eine frische Wurzel zuhause. Der folgenden Suppe verleiht sie ihren ganz eigenen Reiz.

Chinesische Ingwersuppe

15 g getrocknete chinesische Pilze nach Wahl	45 – 60 Minuten in
Wasser	einweichen, das Wasser anschließend abgießen und die Pilze trockentupfen. Dann die Hälfte der Pilze fein hacken, die restlichen Pilze halbieren oder vierteln.
1 walnussgroßes Stück frischen Ingwer	schälen und fein hacken.
150 g Hokkaidokürbis	in etwa 1 cm Würfel schneiden.
1 Frühlingszwiebel	in Ringe schneiden.
2 EL Erdnussöl	erhitzen, die Zwiebeln und die Pilze darin leicht anbraten.
800 ml Gemüsebrühe	dazugießen, den gewürfelten Kürbis hineingeben und knapp 10 Minuten dünsten. Mit
1 EL Sojasoße, Kräutersalz, frisch gemahlenem schwarzen Pfeffer	und
Cayennepfeffer	würzen und servieren.

Tipps: Verwenden Sie statt Kürbis Möhren oder Kohlrabi, wobei Kürbis oder Möhren aufgrund ihrer Farbe optisch besonders ansprechend sind.

Frische Steinpilze sind nicht das ganze Jahr über erhältlich und deshalb freue ich mich immer, wenn ich sie auf dem Markt entdecke. Dann kaufe ich sie gleich, um beispielsweise diese Suppe zu kochen.

Sommerlicher Steinpilztopf

250 g Zucchini	und
150 g Kohlrabi	grob raspeln.
1 Tomate	häuten und grob würfeln.
400 g Steinpilze	blättrig schneiden. In einem Topf
2 EL Erdnussöl	erhitzen, das Gemüse und die Pilze hineingeben und unter Rühren einige Minuten anschwitzen.
250 ml Gemüsebrühe	dazugießen und kurz aufkochen. Vom Herd nehmen und mit
klein geschnittenem Kerbel,	
Kräutersalz	und
frisch gemahlenem schwarzen Pfeffer	kräftig würzen. Nochmals 5 – 10 Minuten köcheln lassen.
50 g Tomatenmark	mit
1 EL Weizenvollkornmehl	verrühren. Nach und nach
250 ml Gemüsebrühe	dazugeben und diese Mischung dann mit
1 EL Balsamicoessig	in den Pilztopf rühren. Vor dem Servieren mit
klein gehackter Petersilie, gehacktem Schnittlauch oder Kresse	bestreuen.

Tipps: Mischen Sie grüne und gelbe Zucchini und verwenden Sie statt Balsamicoessig den kräftigeren Obstessig.
Dazu passen Kartoffeln aller Art und Küchle, aber auch Reis oder Nudeln.

Den folgenden Eintopf gibt es bei mir nur im Sommer, weil ich keine Gewächshaustomaten aus Holland oder Belgien kaufe und auch auf Exemplare aus fernen Ländern verzichte. Lieber warte ich, bis die Biotomaten bei uns reif sind.

Tomatentopf

1 Zwiebel	schälen und fein würfeln,
1 Knoblauchzehe	schälen, sehr fein würfeln und zerdrücken. Zwiebel und Knoblauch kurz in
3 EL Olivenöl	anbraten.
600 g Tomaten	mit heißem Wasser überbrühen, häuten, klein schneiden, zu den Zwiebeln geben und einige Minuten mitbraten. Dann
400 ml Gemüsebrühe	dazugießen und etwa 10 Minuten köcheln.
3 – 4 Basilikumblätter	klein schneiden, zu den Tomaten geben und mit
Kräutersalz, frisch gemahlenem schwarzen Pfeffer, gerebeltem Oregano, 1 TL scharfem Senf, 1 TL Sojasoße	und
Cayennepfeffer	würzen.
150 g Zucchini	würfeln,
150 g gelbe Paprikaschote	in schmale, 3 cm lange Streifen schneiden. Zucchini und Paprika nach weiteren 5 Minuten zu den Tomaten geben.
300 g Pilze nach Wahl	halbieren, größere vierteln und ebenfalls zu den Tomaten geben. Je nachdem, wie weich die Pilze werden sollen, 2 – 5 Minuten mitkochen lassen.
1 – 2 EL Dinkelvollkorngrieß	über die Gemüsemischung stäuben, klumpenfrei verrühren, nochmals kurz aufkochen lassen, dann vom Herd nehmen.
1 EL Balsamicoessig	einrühren und mit
klein geschnittenem Schnittlauch	garniert servieren.

Obwohl man Weißkohl auch im Sommer bekommt, ist er für mich ein Wintergemüse. Deshalb gibt es den folgenden Eintopf bei mir nur in der kalten Jahreszeit.

Winterlicher Pilzeintopf mit Weißkohl und Kürbis

400 g Kartoffeln 400 ml Gemüsebrühe	schälen, grob würfeln und sofort in geben.
200 g Weißkohl	in feine Streifen schneiden, zu den Kartoffeln geben, aufkochen und 15 Minuten köcheln lassen.
1 – 2 getrocknete Tomaten Saft einer Blutorange	klein schneiden. Tomaten und zu den Kartoffeln geben und mitkochen lassen.
200 g Kürbis	grob raspeln.
200 g Pilze nach Wahl	in Scheiben schneiden und nach 10 Minuten mit den Kürbisraspeln zum Kohl und zu den Kartoffeln geben. Mit
gerebeltem Majoran, frisch geriebenem Muskat, Kräutersalz	und
frisch gemahlenem schwarzen Pfeffer	kräftig würzen und mit
gehackter Petersilie	bestreut servieren.

Tipps: Rühren Sie nach Belieben noch etwas Joghurt oder Schlagsahne in die Suppe oder binden Sie die Flüssigkeit mit etwas Vollkorngrieß oder gemahlenen Nüssen. Der Eintopf schmeckt auch gut mit Lauch.

Weil ich eine Vorliebe für sie habe, dürfen indisch inspirierte Rezepte bei mir nicht fehlen. Das folgende Curry mit grünen Bohnen und Shiitake ist eines davon.

Bohnen-Shiitake-Curry

1 Zwiebel	schälen und fein würfeln,
5 g frischen Ingwer (1 – 2 cm)	fein schneiden. Zwiebel und Ingwer mit
1 getrockneten Chilischote, 2 – 3 Gewürznelken, 1 Stück Zimtrinde	und
5 – 6 Korianderkörnern	in
2 EL Erdnussöl	anbraten.
600 g grüne Bohnen	in etwa 3 cm lange Stücke schneiden.
300 g Kartoffeln	schälen und in dünne Scheiben schneiden. Bohnen und Kartoffeln mit
500 ml Wasser	zur Zwiebel geben, aufkochen und 20 Minuten köcheln lassen.
2 Tomaten	häuten oder schälen, in kleine Stücke schneiden und zu den Bohnen geben.
300 g Shiitake	vierteln und mit
2 TL körniger Gemüsebrühe	und
50 g halbierten Haselnüssen	nach 15 weiteren Minuten dazugeben. Mit
Kräutersalz, frisch gemahlenem schwarzen Pfeffer, frisch geriebenem Muskat, gemahlenem Kreuzkümmel	und
gerebeltem Majoran	kräftig würzen. Mit
klein geschnittener Petersilie oder geschnittenem Schnittlauch	bestreut servieren.

Tipps: Statt Tomaten können Sie 2 EL Tomatenmark in das Curry rühren. Manchmal nehme ich statt der Shiitake auch Champignons. Diese koche ich allerdings nicht so lange mit wie die Shiitake, sondern gebe sie fast zum Schluss in das Curry und lasse sie nur etwas heiß werden.

Gemüsegerichte

Gemüse ist neben Getreide ein wichtiger Teil der vegetarischen Vollwerternährung, doch seine wertvollen Inhaltsstoffe bleiben nur dann erhalten, wenn das Gemüse schonend zubereitet und nicht völlig zerkocht wird.

»Al dente« heißt die aus dem Italienischen stammende Zauberformel, die nichts anderes als »bissfest« bedeutet – beim Kauen und Beißen sollten Sie also noch etwas vom Gemüse und seiner Struktur merken, es sei denn, Sie pürieren das Ganze, wobei ich auch in diesem Fall beim Essen gerne noch die Struktur des Gemüses spüre, die Speise also nicht vollständig püriere.

Kohlrabi gehört in der Küche häufig zu den eher unterschätzten Gemüsearten, obwohl er sich vorzüglich für viele Gerichte eignet, ob roh geraspelt im Salat oder wie hier gekocht.

Kohlrabi gefüllt mit Austernpilzen

4 kleine Kohlrabis (jeweils etwa 250 g)	schälen und längs halbieren. In
350 – 400 ml Gemüsebrühe	aufkochen und gut 20 Minuten köcheln lassen. Die Hälften etwas abkühlen lassen, dann jeweils bis auf einen Rand von 1 cm Breite aushöhlen. Die ausgeschnittene Kohlrabimasse grob hacken.
200 g Grünkern	grob schroten, in
500 ml Gemüsebrühe	aufkochen, 5 Minuten köcheln lassen und unter gelegentlichem Umrühren auf der ausgeschalteten Herdplatte quellen lassen.
200 g Austernpilze	in gut 1 cm breite Streifen schneiden und unter den noch warmen Grünkernschrot rühren. Pilz-Grünkern-Masse mit
Kräutersalz, Paprikapulver, frisch gemahlenem schwarzen Pfeffer	und
gerebeltem Majoran	würzen, die gehackte Kohlrabimasse einarbeiten und die ausgehöhlten Kohlrabihälften damit füllen. Gefüllte Kohlrabis in eine feuerfeste Form geben und
400 – 500 ml Gemüsebrühe	neben die Hälften in die Form gießen. Im nicht vorgeheizten Backofen bei 180 °C 20 – 25 Minuten backen. Servieren Sie die gefüllten Kohlrabis mit süßscharfem Lauchpüree (siehe Seite 71).

Tipps: Wer möchte, arbeitet noch etwas geriebenen Käse in die Füllung ein oder bestreut die gefüllten Kohlrabis vor dem Backen damit.

Für gefüllte Paprika lässt man die Schote meist ganz und schneidet nur die Kerne und die weiße Haut heraus. Für das folgende Rezept habe ich die leichter zuzubereitende Variante mit längs durchgeschnittenen Paprikaschoten gewählt.

Paprika mit Wildreisfüllung

250 g Wildreis	in
600 ml Wasser	aufkochen und 40 – 45 Minuten leicht köcheln lassen.
4 Paprikaschoten in verschiedenen Farben	der Länge nach halbieren, die Stielansätze herausschneiden und die Hälften entkernen.
1 rote Zwiebel	schälen, halbieren und in dünne Scheiben schneiden.
400 g Champignons	in dünne Scheiben schneiden. Pilze mit der Zwiebel kurz in
2 EL Butter oder Öl	anbraten und mit
Kräutersalz	und
frisch gemahlenem schwarzen Pfeffer	würzen.
80 g Emmentaler	grob reiben und mit den Pilzen und zwei Dritteln des Wildreises mischen. Den restlichen Reis warm halten.
1 Bund Schnittlauch	klein schneiden, zur Pilz-Reis-Mischung geben und diese mit
1 EL körniger Gemüsebrühe,	
Paprikapulver	und
Chilipulver	würzen. Die Reismischung in die Paprikahälften geben und die gefüllten Hälften in eine feuerfeste Form legen.
40 g Emmentaler	fein reiben und über den Paprikaschoten verteilen.

250 g Tomaten	mit heißem Wasser überbrühen, die Häute abziehen und die Tomaten grob würfeln.
250 g Zucchini	grob würfeln, mit den Tomaten und
200 ml Gemüsebrühe	mischen und mit
Kräutersalz, frisch gemahlenem schwarzen Pfeffer	und
gerebeltem Thymian	würzen. Die Tomatenmischung neben den Paprikahälften in der Form verteilen. Paprika im nicht vorgeheizten Backofen bei 200 °C 15 – 20 Minuten garen. Aus dem Ofen nehmen und die Paprikahälften aus der Form nehmen.
½ EL Balsamicoessig	zur Tomatensoße geben, diese kurz durchrühren und mit dem restlichen Reis zur Paprika servieren.

Tipps: Wenn Sie sich vegan ernähren, lassen Sie den Käse weg oder nehmen stattdessen gewürfelten, angebratenen oder marinierten Tofu.
Wenn Sie keinen Wildreis haben, können Sie auch Basmati-Vollkornreis oder Hirse verwenden. Beachten Sie in diesem Fall, dass Vollkornreis und Hirse andere Wassermengen benötigen und andere Kochzeiten als Wildreis haben.

Wird der Blumenkohl als Ganzes gekocht, ergibt dies häufig ein interessanteres Gericht, als wenn das Gemüse in mehr oder weniger große Röschen geteilt wird. Das Teilen des ganzen Blumenkohls beim Servieren ist allerdings nicht ganz unproblematisch, aber mit etwas Vorsicht und Routine klappt es recht gut.

Gebackener Blumenkohl mit Pilzhaube

1 kleinen Blumenkohl	im Gemüsesieb über
Gemüsebrühe	15 – 20 Minuten weich dämpfen.
200 g kleine Möhren	etwa 10 Minuten mitdämpfen.
400 g Kartoffeln	in Wasser mit
etwas Meersalz	in 25 Minuten weich kochen, anschließend pellen und mit den Möhren durch die Kartoffelpresse drücken oder mit dem Kartoffelstampfer zerdrücken. Kartoffel-Möhren-Püree mit
30 g Butter	und
2 EL Schlagsahne	verrühren und mit
Kräutersalz,	
frisch geriebenem Muskat	und
frisch gemahlenem schwarzen Pfeffer	kräftig würzen.
1 kleine Zwiebel	schälen und fein würfeln.
40 g Butter	in einem Topf erhitzen, die Zwiebel 2 – 3 Minuten darin anbraten, dann
40 g Weizen	mahlen und einrühren.
250 g Champignons	klein hacken, zur Zwiebelmischung geben und unter Rühren kurz durchschmoren lassen.
200 ml Gemüsebrühe	und
125 ml Schlagsahne	dazugeben und nochmals etwa 5 Minuten köcheln lassen.
50 ml Gemüsebrühe	mit
1 Ei	verquirlen, in die Soße geben und mit
Kräutersalz	und
Currypulver	würzen, nicht mehr kochen lassen.

etwas Öl

Eine Auflaufform mit einpinseln. Das Kartoffel-Möhren-Püree in die Auflaufform geben, den Blumenkohl darauflegen und mit der Pilzsoße überziehen. Blumenkohl im nicht vorgeheizten Backofen bei 200 °C etwa 15 Minuten überbacken und anschließend servieren.

Tipps: Statt Möhren können Sie Kürbis, am besten Hokkaidokürbis, oder Süßkartoffeln verwenden. Wer möchte, bestreut die Pilzsoße mit geriebenem Käse oder gemahlenen Nüssen.

Die einzelnen Bestandteile getrennt vorbereiten und am Schluss alles gut mischen – so ist das folgende Gericht einfach und schnell zubereitet.

Spinat mit Champignons

1 kleine Zwiebel	schälen, fein würfeln und kurz in
20 g Butter	anbraten.
500 g Champignons	halbieren oder vierteln, mit dem
Saft einer halben Zitrone	zur Zwiebel geben und einige Minuten braten. Zuletzt mit
Kräutersalz	und
frisch gemahlenem schwarzen Pfeffer	würzen.
20 g Butter	erhitzen, mit
1 EL Weizenvollkornmehl	verrühren, dann
100 ml Gemüsebrühe	und
100 ml Milch	einrühren.
1 Tomate	in kleine Stücke schneiden und mit
1 EL Tomatenmarkt	in die Soße geben. Nochmals aufkochen lassen, dann
30 g geriebenen Parmesan	dazugeben, gut verrühren, vom Herd nehmen und mit
Kräutersalz	und
Paprikapulver	würzen.
1 kg Spinat	waschen, leicht trockenschütteln, um einen Teil des Wassers zu entfernen. Der Spinat sollte nicht ganz trocken sein. Größere Blätter in Stücke reißen.
30 g Butter	erhitzen. Den Spinat zur Butter geben und zugedeckt unter gelegentlichem Rühren einige Minuten erhitzen, bis der Spinat in sich zusammenfällt. Spinat mit
Kräutersalz	und
frisch geriebenem Muskat	würzen. Anschließend Spinat, Pilze und Soße mischen, nochmals kurz erwärmen und servieren.

Tipps: Wenn Sie sich vegan ernähren, lassen Sie den Parmesan weg, verwenden Sie zum Anbraten Öl statt Butter und kochen Sie die Soße mit Gemüsebrühe statt mit Milch.
Geben Sie zum Schluss nach Belieben noch etwas Schafskäse dazu, der besonders gut mit dem Spinat harmoniert.

Mögen Sie den etwas eigenwilligen Geschmack des Staudenselleries? Um dieses Gemüse richtig genießen zu können, sollten Sie darauf achten, nicht zu dicke Stangen zu kaufen, weil diese manchmal etwas faserig sind, was den Geschmack doch negativ beeinflussen kann.

Staudensellerie mit Shiitake

600 g Staudensellerie	in etwa 1 cm lange Stücke schneiden. Das Blattgrün hacken und beiseite stellen.
2 – 3 EL Erdnussöl	in einer Pfanne erhitzen, die Selleriestücke hineingeben und einige Minuten unter gelegentlichem Rühren anbraten.
200 ml Gemüsebrühe	dazugießen, zugedeckt 8 – 10 Minuten köcheln lassen, dann die Hitze auf höchste Stufe stellen und das Gemüse nochmals einige Minuten unter ständigem Rühren kochen, bis die Flüssigkeit fast verdampft ist.
300 g Shiitake	in Scheiben schneiden und mit
30 g Butter	zum Staudensellerie geben. Gemüse nochmals gut 5 – 8 Minuten braten, bis die austretende Pilzflüssigkeit fast verdampft ist.
100 – 120 ml Schlagsahne	dazugießen und 2 weitere Minuten köcheln lassen. Dann
2 EL gemahlene Mandeln	einrühren und mit
Kräutersalz, frisch gemahlenem schwarzen Pfeffer, Paprikapulver, Chilipulver	und
Sojasoße	kräftig würzen. Mit
klein gehacktem Schnittlauch	bestreut servieren.

Tipps: Wer das Gericht mit etwas mehr Soße wünscht, gibt zusätzlich etwas Gemüsebrühe zum Staudensellerie. Dazu passt Gewürzreis sehr gut.

Auberginen sind mit ihrer dunklen Farbe eine Augenweide. Doch die schmackhafte Zubereitung ist nicht immer einfach und selbst für Küchenchefs in Restaurants eine Herausforderung. Die beiden folgenden Rezepte werden Ihnen aber auch dann gelingen, wenn Sie bisher noch wenig Kocherfahrung haben.

Gefüllte Auberginenschiffchen

2 große oder 4 kleine Auberginen	von Stielen und Blütenansätzen befreien, der Länge nach halbieren und im Gemüsesieb über
Gemüsebrühe	8 – 10 Minuten dämpfen. Anschließend die Hälften aus dem Sieb nehmen und bis auf einen knapp 1 cm breiten Rand aushöhlen. Das Fruchtfleisch klein hacken oder schneiden.
1 Zwiebel	schälen, fein würfeln und in
2 – 3 EL Olivenöl	anbraten.
400 g Pilze nach Wahl	klein schneiden.
3 – 4 Tomaten	häuten, klein schneiden und mit den Pilzen und dem Auberginenfruchtfleisch zur Zwiebel geben. Bei starker Hitze unter Rühren einige Minuten braten, dann vom Herd nehmen.
150 g Bergkäse	fein reiben, zwei Drittel des Käses unter die warme Gemüse-Pilz-Mischung rühren. Die Auberginenhälften mit der Pilzmischung füllen.
200 – 300 ml Gemüsebrühe	in eine feuerfeste Form geben, die Auberginenschiffchen hineinlegen und im nicht vorgeheizten Backofen bei 200 °C etwa 20 Minuten backen. Die Schiffchen nach 10 Minuten mit dem restlichen Käse bestreuen und anschließend fertig backen.

Tipps: Bereiten Sie die Schiffchen auch mit Zucchini anstelle der Auberginen zu, am besten nehmen Sie dann je zur Hälfte grüne und gelbe Zucchini.

Für die Auberginenschiffchen des vorherigen Rezeptes habe ich die Auberginen mit Pilzen gefüllt, das folgende Rezept ist die umgekehrte Version: Die Pilze werden mit pürierten Auberginen gefüllt.

Auberginen-Champignons

1 kleine Aubergine	der Länge nach halbieren. Eine Auflaufform mit
etwas Öl	einfetten, die Auberginenhälften mit der Haut nach oben in die Auflaufform setzen und im nicht vorgeheizten Backofen bei 220 °C etwa 30 Minuten backen, bis die Hälften weich sind. Aus dem Ofen nehmen, abkühlen lassen, dann mit dem Löffel das Fruchtfleisch von den Schalen lösen.
1 Knoblauchzehe	schälen und grob hacken. Das Auberginenfruchtfleisch mit
1 EL Tomatenmark, Saft einer halben Zitrone	und der gehackten Knoblauchzehe pürieren. Dann mit
100 g Vollkornsemmelbröseln	und
1 – 2 EL gemahlenen Haselnüssen	mischen. Mit
Kräutersalz, gemahlenem Koriander	und
frisch gemahlenem schwarzen Pfeffer	kräftig würzen.
6 – 8 große Champignons	entstielen, die Stiele klein hacken und zur Auberginenmischung geben. Die Hüte der Champignons mit der Mischung füllen und diese gut andrücken.

100 – 125 ml Gemüsebrühe in eine Auflaufform geben und die Pilze hineinsetzen. Die Pilze im nicht vorgeheizten Backofen bei 180 °C 15 – 20 Minuten backen, dabei während der ersten 10 Minuten abdecken. Fertig gebackene Pilze aus dem Ofen nehmen und sofort servieren.

Tipps: Verwenden Sie für dieses Gericht auch einmal Portobello statt der üblichen Champignons. Diese größere Zuchtform des Champignons ist aufgrund ihres großen Hutes optimal für das Gericht geeignet.
Geben Sie nach Belieben und Geschmack geriebenen Käse in die Füllung oder bestreuen Sie die Auberginenhauben mit geriebenem Käse.

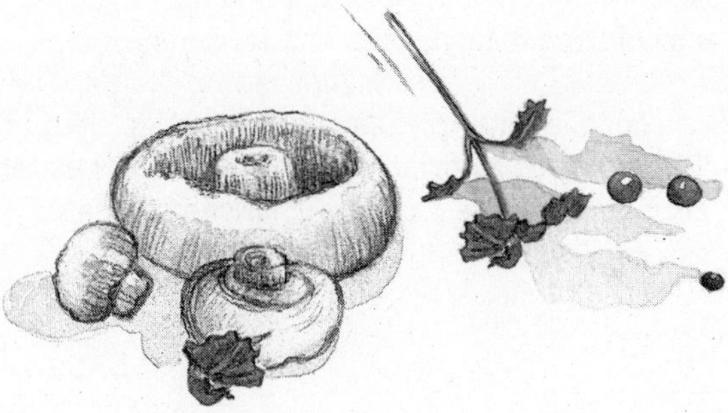

Gerne kombiniere ich diese gut gewürzten Pilze mit gekochtem Gemüse und serviere dazu Safranreis.

Ingwer-Shiitake

1 Zwiebel	schälen und fein würfeln,
20 – 25 g frischen Ingwer	fein reiben. Zwiebel und Ingwer kurz in
2 – 3 EL Erdnussöl	anbraten.
400 g Shiitake	entstielen, die Stiele klein schneiden, die Hüte halbieren, sehr große Hüte vierteln. Shiitake mit
1 EL Erdnussöl	zur Zwiebel geben, unter ständigem Rühren 2 – 3 Minuten braten, dann
50 – 80 ml Gemüsebrühe	dazugeben und zugedeckt einige Minuten dünsten,
gegebenenfalls 1 EL Apfelsaft	dazugeben. Pilze mit
Kräutersalz, frisch gemahlenem schwarzen Pfeffer	und
Cayennepfeffer	würzen und mit
klein gehacktem Schnittlauch	bestreut servieren.

Tipps: Versuchen Sie statt Apfelsaft auch einmal Apfelessig und nehmen Sie Kräuterseitlinge oder Champignons statt Shiitake. Wer es gerne scharf mag, brät zusätzlich noch eine getrocknete Chilischote mit an.

Tofu wird aus Sojabohnen gewonnen. Wer möchte, kann ihn in einem etwas aufwendigen Verfahren auch selbst herstellen, ich kaufe ihn allerdings meist im Naturkostladen.

Tofu-Zucchini-Pfanne mit Kräuterseitlingen

300 g Tofu	in 1 cm große Würfel schneiden.
300 g Kräuterseitlinge	in Scheiben schneiden.
3 – 4 EL Erdnussöl	erhitzen, den Tofu und die Pilze dazugeben und bei mittlerer Hitze unter gelegentlichem Rühren zugedeckt einige Minuten braten.
100 ml Gemüsebrühe,	
1 EL Sojasoße	und
1 TL Senf	mit
Kräutersalz,	
frisch gemahlenem	
schwarzen Pfeffer	und
Chilipulver	verrühren. Diese Soße über die Pilz-Tofu-Mischung geben.
100 g Lauch	in Ringe schneiden.
400 g Zucchini	stifteln. Lauch und Zucchini zu den Pilzen geben, gut mischen und 5 – 8 Minuten zugedeckt dünsten, bei Bedarf umrühren. Dann den Deckel entfernen und bei großer Hitze 1 – 2 weitere Minuten braten, dabei immer wieder umrühren, damit nichts anbrennt. Vom Herd nehmen und sofort servieren.

Tipps: Am besten schmeckt das Gericht mit gewürztem Basmati-Vollkornreis. Nehmen Sie zum Würzen Gewürznelken, Kardamom, Ingwer oder Zimt.

Wenn ich Pilze mit Spargel koche, verwende ich die etwas selteneren und besonders schmackhaften Pilzarten wie Pfifferlinge, Steinpilze oder Morcheln. Das Ende der Spargelsaison deckt sich meist mit dem Beginn der Pfifferlingssaison oder Steinpilzsaison.

Gebratener Spargel mit Pfifferlingen

1000 g Spargel	schälen und in 2 – 3 cm lange Stücke schneiden.
50 g Butter	in einer Pfanne erhitzen und die Spargelstücke darin unter gelegentlichem Rühren anbraten.
1 Frühlingszwiebel	in 1 cm lange Stücke schneiden,
500 g Pfifferlinge	in grobe Stücke schneiden. Wenn der Spargel zu bräunen beginnt, die Zwiebel und die Pilze dazugeben und 3 weitere Minuten unter gelegentlichem Rühren braten. Dann mit
50 – 80 ml weißem Traubensaft	ablöschen und die Flüssigkeit bei starker Hitze kurz einkochen lassen. Pfanne vom Herd nehmen.
3 Eigelb	mit
150 ml Schlagsahne	und
1 EL Dinkelvollkorngrieß	verrühren, mit
Kräutersalz, frisch gemahlenem schwarzen Pfeffer	und
Cayennepfeffer	würzen und zum Spargel-Pilz-Gemüse geben. Unter ständigem Rühren nochmals 3 – 4 Minuten braten.
1 Tomate	häuten, in Würfel schneiden und unter die Spargel-Pilz-Masse rühren. Mit
klein geschnittenem Schnittlauch	bestreut servieren.

Tipps: Dazu passt frisches Vollkornbrot oder Reis.
Auch Pfannkuchen lassen sich mit der Spargel-Pilz-Mischung füllen.

Aus 1 kg frischen Morcheln entstehen laut Herstellerangaben 100 g getrocknete Pilze. Das bedeutet allerdings nicht, dass sich das Volumen oder Gewicht der getrockneten Pilze durch Einweichen verzehnfacht. Meiner Erfahrung nach gewinnt man aus 10 g getrockneten Pilzen durch Einweichen höchstens 20 bis 30 g Pilzmasse.

Spargelragout mit Morcheln

100 g getrocknete Morcheln 250 – 300 ml Wasser	etwa 60 Minuten in einweichen. Morcheln anschließend aus dem Wasser nehmen und gut abspülen. Das Einweichwasser durch ein sehr feines Sieb oder Filterpapier abgießen und auffangen.
500 g weißen Spargel 500 g grünen Spargel etwas Meersalz	und schälen und 15 Minuten mit in Wasser köcheln lassen. Dann aus dem Wasser nehmen und in 3 – 4 cm lange Stücke schneiden.
1 rote Zwiebel 20 g Butter	schälen, fein würfeln und in anbraten. Die Morcheln dazugeben und kurz mitdünsten. Das Pilzeinweichwasser mit
Schlagsahne	auf 250 ml Flüssigkeit ergänzen. Die Pilze mit 2 EL der Sahnemischung ablöschen, dann nach und nach die restliche Sahnemischung einrühren und das Ganze noch 5 Minuten köcheln lassen, um die Flüssigkeit etwas einzudampfen.
½ rote Paprikaschote	in dünne, etwa 3 cm lange Streifen schneiden und 2 – 3 Minuten in der Pilzmischung mitköcheln lassen.
1 TL Estragon	fein hacken, mit den Spargelstücken zu den Pilzen geben und mit
Kräutersalz frisch gemahlenem schwarzen Pfeffer	und würzen.
80 – 100 ml Schlagsahne	fast steif schlagen, unter die Pilz-Spargel-Mischung heben und sofort servieren.

Kartoffelgerichte

Kartoffeln sind nahrhaft, vielfältig einsetzbar und es lassen sich sehr leckere Gerichte mit ihnen zaubern. Die köstlichen Knollen sind allerdings nur gegart genießbar. Neben Kartoffeln verwende ich sehr gerne Süßkartoffeln und mische beide Arten auch gern. Obwohl Süßkartoffeln botanisch nicht mit den Kartoffeln verwandt sind, lassen sie sich in vielen Gerichten und Zubereitungsarten wie Kartoffeln verwenden.

Das folgende Gericht kommt ursprünglich aus der Schweiz, wo man es unter dem für hochdeutsche Zungen fast unaussprechlichen Namen Härdäpfelbiltzli kennt.

Sahnekartoffeln mit Pilzen

3 – 4 Frühlingszwiebeln 30 g Butter	in feine Ringe schneiden und anschließend in anbraten.
600 g Kartoffeln	schälen und würfeln. Fertig gewürfelte Kartoffeln in kaltes Wasser geben, bis alle Kartoffeln vorbereitet sind. Dann die Würfel aus dem Wasser nehmen, abtropfen lassen und mit
30 g Butter	zu den Zwiebeln geben.
500 ml Gemüsebrühe	dazugießen, mit
Kräutersalz	würzen, aufkochen und je nach Würfelgröße 20 Minuten köcheln lassen.
400 g Süßkartoffeln	schälen, ebenfalls in Würfel schneiden und nach 8 – 10 Minuten zu den Kartoffeln geben.
250 g Pilze nach Wahl	in Scheiben schneiden.
40 g Weizen	fein mahlen und mit
8 EL Schlagsahne	verrühren. Sahnemischung mit den Pilzen zu den Kartoffeln in den Topf geben und gut verrühren. Nochmals aufkochen lassen. Dann vom Herd nehmen und mit
klein geschnittenem Schnittlauch	bestreut servieren.

Tipps: Streuen Sie nach Belieben und Geschmack geriebenen Käse über das fertige Gericht oder geben Sie noch etwas Käse mit den Pilzen in die Mischung. Noch interessanter schmeckt es, wenn Sie zusätzlich 200 – 300 g Lauch, Zucchini oder Brokkoli dazugeben, auch Möhre, Kürbis oder eine Mischung mehrerer Gemüsearten ist möglich.

Beim Fenchel scheiden sich häufig die Geschmäcker, ich liebe ihn in fast allen Variationen, ob ganz fein geschnitten und frisch im Salat, gekocht oder wie im folgenden Gericht leicht angebraten.

Kartoffel-Fenchel-Pfanne

400 g Fenchel 3 – 4 EL Rapsöl	sehr fein hobeln, in einer großen Pfanne mit erhitzen und 5 Minuten zugedeckt dünsten, bei Bedarf hin und wieder wenden.
200 g Pilze nach Wahl	in nicht zu dünne Scheiben schneiden und zu den Fenchelscheiben geben.
400 g gekochte Kartoffeln vom Vortag	schälen, in Scheiben schneiden, zum Fenchel geben, gut mischen und bei großer Hitze unter mehrfachem Wenden braten. Mit
Kräutersalz, frisch gemahlenem schwarzen Pfeffer, Paprikapulver, frisch geriebenem Muskat	und
gerebeltem Majoran	kräftig würzen. Vom Herd nehmen und mit
klein geschnittenem Schnittlauch oder geschnittener Petersilie	bestreut servieren.

Tipps: Wer keine sehr große Pfanne hat, sollte das Gericht in zwei oder drei Portionen hintereinander zubereiten.
Wer möchte, verquirlt 2 Eier mit 2 – 3 EL Schlagsahne, gießt diese Mischung über das Gericht und lässt sie einige Minuten stocken. Auch mit geriebenem Käse, den man 2 – 3 Minuten mitbrät, schmeckt die Kartoffel-Fenchel-Pfanne ausgezeichnet.

Saure Kartoffelrädle sind ein typisch schwäbisches Gericht, wenn auch ursprünglich nicht vegetarisch. Die vegetarische Variante passt jedoch vorzüglich zu den streifig geschnittenen Pilzen.

Austernpilze mit sauren Kartoffelrädle

800 g Kartoffeln	schälen und in nicht zu dicke Scheiben schneiden. Kartoffeln in
500 ml Gemüsebrühe	aufkochen – die Kartoffeln sollten auf jeden Fall von der Brühe bedeckt sein – und 12 – 15 Minuten köcheln lassen. In der Zwischenzeit
300 – 400 g Austernpilze	in 5 mm breite Streifen schneiden.
1 kleine Zwiebel	schälen und fein würfeln.
3 – 4 EL Erdnussöl	in einer Pfanne stark erhitzen, die Zwiebel und die Pilze hineingeben und unter Rühren einige Minuten anbraten.
1 – 2 EL Apfelessig, 1 TL gerebelten Majoran	und dann die Pilze zu den Kartoffeln geben und 3 – 5 weitere Minuten köcheln lassen.
2 – 3 EL Dinkelvollkorngrieß	darüberstäuben und klumpenfrei verrühren. Mit
Kräutersalz, frisch gemahlenem schwarzen Pfeffer	und
frisch geriebenem Muskat	kräftig würzen. Auf der ausgeschalteten Herdplatte unter gelegentlichem Rühren noch etwas quellen lassen. Dann mit
klein gehackter Petersilie	bestreuen und servieren.

Tipps: Sie können die Pilze auch separat zu den Kartoffelrädle oder einer anderen Beilage servieren, wobei die Pilze dann aber auch eigens mit Kräutersalz, Pfeffer, Paprikapulver und eventuell Ingwer gewürzt werden sollten.

Bratkartoffeln mit zu stark gebratenen oder gar verbrannten Zwiebeln können Sie vermeiden, wenn Sie die Zwiebeln – wie nachfolgend beschrieben – getrennt von den Kartoffeln anbraten und beides erst zum Schluss mischen.

Bratkartoffeln mit Pilzen

500 g gekochte Kartoffeln vom Vortag	schälen und in dünne Scheiben schneiden.
50 g Butter	in einer großen Pfanne erhitzen, die Kartoffelscheiben dazugeben und bei mittlerer Hitze unter gelegentlichem Wenden braten. Aus der Pfanne nehmen und auf die Seite stellen.
1 rote Zwiebel	schälen und fein würfeln.
250 g Pilze nach Wahl	in nicht zu dünne Scheiben schneiden. Zwiebel und Pilze in die Pfanne geben und anbraten,
gegebenenfalls 20 g Butter	dazugeben. Sobald Wasser aus den Pilzen tritt, die Temperatur hochschalten und die Pilzmischung unter Rühren noch einige Minuten weiterbraten. Dann die Kartoffelscheiben dazugeben, gut mischen und 2 – 3 weitere Minuten braten.
½ Bund Schnittlauch oder einige Bärlauchblätter	klein schneiden und vor dem Servieren über die Bratkartoffeln streuen.

Tipps: Wenn Sie sich vegan ernähren, braten Sie die Kartoffeln und die Pilze in Öl statt in Butter an.
Verquirlen Sie 1 – 2 Eier mit etwas Schlagsahne, geben Sie diese Mischung über die Bratkartoffel-Pilz-Mischung und lassen Sie sie einige Minuten stocken.
Bestreuen Sie die Bratkartoffeln zum Schluss noch mit geriebenem Käse.

Diese überbackenen Kartoffelbällchen haben in der Zubereitung große Ähnlichkeit mit den schwäbischen Bubaspitzle oder den italienischen Gnocchi und schmecken genauso gut wie diese.

Überbackene Kartoffelbällchen mit Pilzkruste

800 g Kartoffeln	in Wasser mit
etwas Meersalz	aufkochen und etwa 25 Minuten köcheln lassen.
100 g Zwiebeln	schälen und in Ringe schneiden,
200 g Pilze nach Wahl	in Scheiben schneiden. Zwiebeln und Pilze in
40 g Butter	anbraten, 10 Minuten unter Rühren braten und dann warm stellen. Kartoffeln pellen und durch die Kartoffelpresse drücken oder mit dem Kartoffelstampfer zerdrücken.
50 g Greyerzer	fein reiben.
30 g Weizen	fein mahlen.
125 ml Milch	erhitzen und das Weizenmehl einrühren. Nach und nach die Kartoffelmasse und den Käse in die Milch rühren, mit
Kräutersalz	und
frisch geriebenem Muskat	würzen.
30 g Butter	erhitzen und eine Auflaufform mit
Öl	einfetten. Zwei Teelöffel in die heiße Butter tauchen, damit Klöße vom Kartoffelteig abstechen und diese in die Auflaufform setzen. Die Zwiebeln und die Pilze auf die Klöße geben. Die Butter vollends aufschäumen und die Klöße damit übergießen. Im nicht vorgeheizten Backofen bei 200 °C 10 – 15 Minuten überbacken.

Tipps: Natürlich können Sie Gemüse oder Salat zu den Bällchen servieren, im Winter auch Sauerkraut, doch kombinieren Sie das Gericht auch einmal mit nicht zu süßem Apfelmus, Sie werden begeistert sein!

Wieder einmal bin ich für das folgende Gericht im Norden, genauer gesagt in Schweden, fündig geworden und habe meine Entdeckung vegetarisch und vollwertig weiterentwickelt.

Gefächerte Kartoffeln

100 – 120 g Pilze nach Wahl	unter Rühren kurz in
2 EL Erdnussöl	bei großer Hitze anbraten, dann bei mäßiger Hitze einige Minuten weiterbraten,
gegebenenfalls 1 – 2 EL Wasser oder Gemüsebrühe	dazugeben. Dann pürieren. Püree mit
2 EL Vollkornsemmelbröseln, 2 EL geriebenem Käse	und
2 – 3 EL Olivenöl	vermischen und mit
Kräutersalz, frisch gemahlenem schwarzen Pfeffer	und
Paprikapulver	kräftig würzen.
4 große Ofenkartoffeln	schälen und an den Unterseiten gerade schneiden, damit sich die Kartoffeln anschließend besser einschneiden lassen. Dann die Kartoffeln auf ein Küchenbrett legen und im Abstand von 4 mm quer einschneiden, dabei nach unten hin 5 mm stehen lassen. Dann die Einschnitte mit der Pilzmasse füllen, dabei die Kartoffeln vorsichtig biegen und auseinander drücken. Eine Auflaufform mit
Öl	einfetten und die Kartoffeln nebeneinander hineinlegen. Damit die Kartoffeln schön auffächern, legt man die abgeschnittenen Kartoffelstücke mit den gewölbten Seiten nach oben am besten unter die Kartoffeln. Dann im nicht vorgeheizten Backofen bei 180 °C je nach Größe 50 – 60 Minuten backen. Während der letzten 5 – 10 Minuten den Backofengrill dazuschalten.

Tipps: Legen Sie beim Schneiden seitlich jeweils einen Stopper neben die Kartoffel, damit Sie diese nicht zu tief einschneiden. Ich verwende dafür zwei dünne Schneidebrettchen.
Sie können die Kartoffeln vor oder während des Backens noch leicht mit Olivenöl bestreichen oder kurz vor dem Ende der Backzeit mit geriebenem Käse bestreuen. Servieren Sie dazu Spinat und eine Saure-Sahne-Kräuter-Soße.

Ein Gericht, das sich sehr gut für ein festliches Essen eignet! Türmen Sie im Inneren des Kartoffelrings nicht zu viel Gemüse auf, sondern servieren Sie das restliche Gemüse besser in einer Schüssel separat dazu.

Kartoffelring mit Gemüse-Pilz-Füllung

1000 g Kartoffeln	in Wasser mit
etwas Meersalz	aufkochen und 25 Minuten köcheln lassen. Dann pellen und durch die Kartoffelpresse drücken oder mit dem Kartoffelstampfer zerdrücken. Kartoffelpüree abkühlen lassen.
50 g Parmesan	fein reiben.
75 g Butter	schaumig rühren. Nach und nach
3 Eier	und den Käse sowie das Kartoffelpüree in die Butter rühren, mit
Kräutersalz, frisch gemahlenem schwarzen Pfeffer	und
frisch geriebenem Muskat	kräftig würzen. Eine Ringform von 24 cm Durchmesser gut mit
Öl	einfetten und mit
Vollkornsemmelbröseln	ausstreuen. Die Kartoffelmasse einfüllen und die Oberfläche glatt streichen. Kartoffelring im nicht vorgeheizten Backofen bei 200 °C etwa 30 Minuten backen. In der Zwischenzeit
200 g grüne Bohnen	in 3 – 4 cm lange Stücke schneiden und in Wasser mit
etwas Meersalz	20 Minuten bissfest kochen, danach das Wasser abgießen.
200 g Hokkaidokürbis	grob würfeln, in
200 ml Gemüsebrühe	aufkochen und etwa 10 Minuten köcheln lassen.
1 Zwiebel	schälen, fein würfeln und in
etwas Butter	anbraten.
200 g Pilze nach Wahl	halbieren oder vierteln, zur Zwiebel geben und einige Minuten mitbraten. Den Kürbis abtropfen lassen, die Gemüsebrühe auffangen.

1 EL Wasser	mit
1 knappen TL	
Pfeilwurzelmehl	verrühren, in die Gemüsebrühe rühren und diese nochmals aufkochen.
2 Tomaten	achteln und im Gemüsesud erwärmen. Pilze, Zwiebeln, Bohnen und Kürbis dazugeben und gut mischen. Mit
Kräutersalz,	
frisch gemahlenem	
schwarzen Pfeffer	und
Paprikapulver	abschmecken.
½ Bund Dill	und
½ Bund Petersilie	fein hacken und unterheben. Den Kartoffelring auf eine vorgewärmte Platte stürzen und mit dem Gemüse füllen.

Tipp: Fetten Sie die Backform gut ein, damit sich der gebackene Kartoffelteig leicht aus der Form löst. Es wäre doch schade, wenn er zerbricht oder am Rand etwas hängen bleibt.

Umhüllte Pilze machen neugierig, sie lassen sich braten oder wie im folgenden Rezept in Salzwasser köcheln. Der verwendete Kartoffelteig lässt sich vielseitig einsetzen, hier pikant, mit anderen Gewürzen auch für süße Gerichte.

Champignons im Kartoffelteig

400 g mehligkochende Kartoffeln vom Vortag	pellen und durch die Kartoffelpresse drücken oder mit dem Kartoffelstampfer zerdrücken.
150 g Weizen	fein mahlen, zur Kartoffelmasse geben und mit
1 Ei	zu einem glatten Teig verkneten. Teig mit
Kräutersalz, frisch gemahlenem schwarzen Pfeffer, gerebeltem Majoran, scharfem Paprikapulver	und
Ingwerpulver	kräftig würzen. Den Teig einige Minuten ruhen lassen.
20 – 25 kleine Champignons	entstielen, die Pilzkappen mit dem Teig umhüllen und mit leicht feuchten Händen zu Kugeln formen.
2 l Wasser	mit
Meersalz	aufkochen, die Hälfte der Pilzkugeln hineingeben und 10 Minuten köcheln lassen, bis sie oben schwimmen, herausnehmen und anschließend die zweite Portion kochen.

Tipps: Dazu schmeckt gewürzter Joghurt, Kräuterquark, Chutney oder Ingwerbutter, die Sie ganz einfach selbst herstellen können: Erhitzen Sie 100 g Butter und braten Sie darin 10 g (2 – 4 cm) frisch geriebenen Ingwer einige Minuten lang an. Würzen Sie die Butter anschließend mit Sojasoße, Kräutersalz und frisch gemahlenem Pfeffer und servieren Sie sie zu den Pilzkugeln.

Das süßscharfe Lauchpüree passt hervorragend zu den verschiedenen Kartoffelgerichten in diesem Kapitel sowie zum Rezept »Kohlrabi gefüllt mit Austernpilzen«, siehe Seite 45.

Süßscharfes Lauchpüree

350 g Lauch	in 2 cm breite Streifen schneiden,
250 g Erdbeeren	halbieren oder vierteln.
50 g Butter	erhitzen, Lauch und Erdbeeren zur Butter geben und kurz anbraten. Dann
50 ml Gemüsebrühe	dazugeben und etwa 5 Minuten dünsten. Das Lauchgemüse anschließend pürieren, nochmals
50 g Butter	in das noch heiße Püree rühren, sodass die Butter zerläuft. Mit
Kräutersalz,	
Chilipulver,	
Ingwerpulver,	
frisch gemahlenem	
schwarzen Pfeffer	und
Paprikapulver	kräftig würzen. Mit
klein geschnittener Petersilie	bestreut servieren.

Tipps: Ist Ihnen das Püree zu flüssig, arbeiten Sie 1 – 2 EL gemahlene Nüsse ein, ist es Ihnen zu fest, geben Sie 1 – 2 EL saure Sahne dazu.

Mit Nudeln und Spätzle

Nudeln sind Teigwaren und auch Spätzle zählen zu den Teigwaren. Doch wehrt sich jeder echte Schwabe vehement dagegen, diese Leibspeise einfach nur Nudeln zu nennen, denn Spätzle sind für uns das Non-Plus-Ultra. Am besten sind natürlich die selbst geschabten Spätzle, zur Not können Sie aber auch auf gekaufte zurückgreifen.

Rustikal und vielseitig ist dieses Nudelgericht mit seiner Vielzahl an Gemüsearten. Wer sich vegan ernährt, nimmt Öl statt Butter und lässt den geriebenen Käse ohne Geschmackseinbußen einfach weg.

Makkaroni auf Bauernart

1 Zwiebel	schälen und würfeln.
100 g Lauch	in schmale Ringe schneiden.
50 g Sellerie,	
50 g Möhren	und
50 g Mairübchen	würfeln.
50 g Butter	erhitzen, die Zwiebel kurz darin anbraten, dann das Gemüse dazugeben und umrühren. Anschließend
50 – 80 ml Gemüsebrühe	dazugeben und zugedeckt etwa 10 Minuten dünsten. Mit
Kräutersalz,	
frisch gemahlenem	
schwarzen Pfeffer	und
gerebeltem Thymian	würzen.
200 g Tomaten	häuten und achteln,
200 g Pilze nach Wahl	in Scheiben schneiden. Tomaten und Pilze nach 5 Minuten zum Gemüse geben.
200 g Vollkornmakkaroni	nach Packungsanleitung in Wasser mit
etwas Meersalz	al dente kochen und abtropfen lassen.
20 g Butter	erhitzen, die Nudeln darin schwenken und in eine vorgewärmte Schüssel geben. Das Gemüse auf den Nudeln verteilen und mit
80 g geriebenem Parmesan	bestreuen oder den Käse getrennt dazu servieren.

Tipps: Verwenden Sie auch einmal Kürbis, Kohlrabi oder Pastinake und versuchen Sie Zucchini oder Paprikaschote statt der Tomaten.

»Totentrompete« klingt nicht gerade appetitanregend, weshalb dieser Pilz vielfach unter dem harmlosen Namen »Herbsttrompete« angeboten wird. Mir gefällt der etwas makabere Name, der wohl von der dunklen Farbe der Pilze herrührt. Wenn Sie diese überaus schmackhafte Art irgendwo kaufen können, sollten Sie sofort zugreifen.

Spaghetti mit Totentrompeten

200 g Vollkornspaghetti	nach Packungsanleitung in Wasser mit
etwas Meersalz	al dente kochen. Dann abtropfen lassen.
200 g Totentrompeten	grob hacken.
1 Schalotte	schälen und fein würfeln.
	Pilze und Schalotte in
2 EL Öl	anbraten, mit
100 ml Gemüsebrühe	ablöschen, einige Minuten dünsten und mit
Kräutersalz	und
frisch gemahlenem	
schwarzen Pfeffer	würzen.
50 ml Schlagsahne	und die gekochten Spaghetti zu den Pilzen geben, gut verrühren, nochmals aufkochen und sofort servieren.

Tipps: Wer sich vegan ernährt, nimmt statt Schlagsahne einfach etwas mehr Gemüsebrühe. Natürlich können Sie auch andere Nudelsorten verwenden. Wer es sämiger mag, rührt noch etwas Vollkorngrieß oder gemahlene Nüsse in die Brühe.

Wenn Sie nicht alle gekauften oder gesammelten Pilze für das Gericht benötigen, dann trocknen Sie doch einfach den Rest.

Pastinaken verwende ich meist in Wintersalaten, als Ersatz für Sellerie oder ergänzend zu ihm. Im folgenden Rezept wird die Wurzel gekocht.

Pastinaken-Spirelli mit Austernpilzen

300 g Vollkornspirelli	nach Packungsanleitung in Wasser mit
etwas Meersalz	gar kochen und dann abtropfen lassen.
1 Zwiebel	schälen, fein würfeln und kurz in
2 EL Erdnussöl	anbraten.
300 g Austernpilze	in schmale Streifen schneiden,
300 g Pastinaken	grob raspeln. Pilze und Pastinaken zur Zwiebel geben und mitbraten,
100 ml Gemüsebrühe	dazugeben und zugedeckt 5 Minuten dünsten. Pilzgemüse mit
Kräutersalz, frisch gemahlenem schwarzen Pfeffer, gerebeltem Majoran	und
gerebeltem Oregano	würzen. Dann die Nudeln dazugeben, gut durchrühren und nochmals erhitzen. Mit
klein gehackter Petersilie	garnieren.

Tipps: Mischen Sie etwas Möhren, Kürbis oder Brokkoli unter das Gemüse. Ist Ihnen das Gericht zu trocken, reichen Sie eine Tomatensoße oder eine Gemüsesoße dazu. Wer sich nicht vegan ernährt, kann zum Anbraten auch Butter verwenden und geriebenen Käse oder Schlagsahne dazugeben.

Etwas ungewöhnlich, aber zum Nachkochen empfohlen: Dünsten Sie die Pilze nicht in Wasser oder Gemüsebrühe, sondern in einer Sahne-Milch-Mischung.

Sahnenudeln mit Shiitake

400 g Vollkornbandnudeln etwas Meersalz	nach Packungsanleitung in Wasser mit gar kochen, dann abtropfen lassen.
250 g Shiitake	halbieren, größere Pilze vierteln.
2 EL Rapsöl	erhitzen und die Pilze kurz darin anbraten.
150 ml Schlagsahne	und
100 ml Milch	zu den Pilzen geben und knapp 10 Minuten zugedeckt köcheln lassen.
100 g Lauch	in dünne Streifen schneiden und während der letzten 5 Minuten mitkochen lassen. Mit
1 TL körniger Gemüsebrühe, Kräutersalz, frisch gemahlenem schwarzen Pfeffer	und
Paprikapulver	würzen. Dann die Nudeln in die Sahne-Pilz-Soße geben und vor dem Servieren mit
2 EL klein geschnittenem Schnittlauch	garnieren.

Tipps: Wer möchte, gibt noch etwas Tomatenmark oder Sojasoße dazu. Nudeln und Soße können auch getrennt serviert werden.

Hülsenfrüchte sind gute Eiweißspender und deshalb gern gesehene Gäste in der vegetarischen Vollwertküche. Kombiniert mit Nudeln, Pilzen und Gemüse, sind sie nicht nur gesund, sondern auch sehr lecker.

Bandnudeln mit Kichererbsen und Kräuterseitlingen

100 g Kichererbsen	mindestens 12 Stunden in
reichlich Wasser	einweichen. Dann das Einweichwasser wegschütten, die Kichererbsen gut abspülen und mit
1 EL Öl	in
knapp 500 ml frisches Wasser	geben. In etwa 90 Minuten weich kochen, dann abgießen.
400 g Vollkornbandnudeln	nach Packungsanleitung in Wasser mit
etwas Meersalz	al dente kochen, dann abtropfen lassen.
1 Zwiebel	schälen und klein würfeln,
1 Knoblauchzehe	schälen und fein hacken. Zwiebel und Knoblauch in
2 EL Öl	anbraten und leicht mit
Kräutersalz	bestreuen.
250 g Kräuterseitlinge	in Scheiben schneiden und mit
50 ml Gemüsebrühe	zur Zwiebel geben. Pilze 2 – 3 Minuten braten, dann die gekochten Kichererbsen,
2 EL Tomatenmark	und nochmals
100 ml Gemüsebrühe	dazugeben.
150 g Spinat	von den Stielen befreien und die Blätter grob hacken. Spinat zu den Kichererbsen und Pilzen geben und 3 weitere Minuten köcheln lassen. Die Nudeln unterheben, mit
Kräutersalz	und
frisch gemahlenem schwarzen Pfeffer	würzen. Vor dem Servieren den
Saft einer halben Orange	einrühren.

Spinat ist für viele seit der Kindheit ein Schreckgespenst, nicht jedoch für mich. Denn weil mein Vater Spinat ablehnte, gab es das Gemüse bei uns nie. Glücklicherweise – so bin ich unvoreingenommen an die Verwendung von Spinat herangegangen. Meine Empfehlung für Sie: Kochen Sie Spinat in ganz wenig Wasser und nur so lange, bis er in sich zusammenfällt, und pürieren Sie ihn nicht. Würzen Sie den Spinat dann noch interessant, gibt es kaum ein schmackhafteres Gemüse als ihn. Lassen Sie sich vom folgenden Gericht überzeugen!

Spätzle-Spinat-Pfanne

300 g Vollkornspätzle	nach Packungsanleitung in reichlich Wasser oder Gemüsebrühe gar kochen oder – noch besser – die Spätzle aus 300 g Vollkornmehl selbst herstellen und anschließend kochen. Fertig gekochte Spätzle abtropfen lassen.
500 g Spinat	waschen, von den Stängeln befreien, leicht feucht in einen Topf geben und mit
1 EL körniger Gemüsebrühe	bestreuen. Mit dem Abtropfwasser aufkochen,
gegebenenfalls 100 ml Wasser	dazugeben. Zugedeckt gut 5 Minuten dünsten, bis der Spinat in sich zusammengefallen ist.
1 rote Zwiebel	schälen und klein würfeln.
5 g frischen Ingwer (1 – 2 cm)	fein schneiden oder reiben. Zwiebel und Ingwer in
2 – 3 EL Erdnussöl	anbraten.
350 g Pilze nach Wahl	in Scheiben schneiden und zur Zwiebel geben. Anbraten und zugedeckt einige Minuten dünsten, anschließend den Spinat dazugeben und gut mischen.

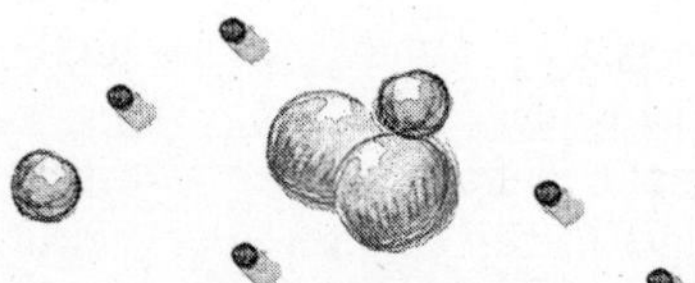

150 g saure Sahne	mit
50 – 80 g geriebenem Parmesan	vermischen und in die Spinat-Pilz-Pfanne rühren.
	Mit
Kräutersalz, frisch gemahlenem schwarzen Pfeffer, Paprikapulver, Cayennepfeffer	und
klein geschnittenem Basilikum	kräftig würzen, nicht mehr kochen. Zuletzt die Spätzle dazugeben und nochmals gut durchrühren. Weitere 2 Minuten auf der Herdplatte stehen lassen, dann sofort servieren.

Tipps: Verwenden Sie statt Ingwer eine zerdrückte Knoblauchzehe.
Wenn Sie Schlagsahne statt saurer Sahne verwenden, brauchen Sie nicht wie bei saurer Sahne aufzupassen, dass die Masse nicht mehr köchelt.
Ist das Spinat-Pilz-Gemüse noch sehr flüssig, rühren Sie 1 – 2 EL Weizenvollkorngrieß ein, bevor Sie die Spätzle dazugeben.
Sie können den Parmesan auch zum Schluss über das fertige Gericht reiben.

Nochmals Spätzle, jetzt aber mit einem speziellen Pilz und ohne Gemüse, um den Pilzgeschmack besonders intensiv genießen zu können.

Kräuterseitlinge mit Spätzle

250 g Vollkornspätzle	in reichlich Wasser mit
etwas Meersalz	gar kochen, dann abtropfen lassen.
250 g Kräuterseitlinge	in Scheiben schneiden.
1 kleine Zwiebel	und
1 kleines Stückchen frischen Ingwer	schälen und fein würfeln. Zwiebel und Ingwer in
etwas Erdnussöl	anbraten, die Pilze kurz mitbraten und dann
knapp 50 ml Gemüsebrühe	dazugeben. Einige Minuten dünsten, dann die Spätzle dazugeben.
100 g Blauschimmelkäse	in Scheiben oder Würfel schneiden, in die Pfanne geben, kurz verrühren und zugedeckt weiterbraten, bis der Käse zerläuft.
2 EL Schlagsahne	mit
Kräutersalz	und
frisch gemahlenem schwarzen Pfeffer	mischen, über die Spätzle-Pilz-Mischung gießen, nochmals stark erhitzen und durchrühren, dabei sollte etwas Flüssigkeit verdampfen. Zu Blattsalat oder Kartoffelsalat servieren.

Tipps: Geben Sie nach Geschmack und wenn Sie sich vegan ernähren noch geraspelte Möhren oder Kürbis dazu und lassen Sie dafür den Käse weg. Verwenden Sie Gemüsebrühe oder pürierten Tofu statt Schlagsahne.
Das Gericht schmeckt auch mit Champignons und Nudeln.

Für das folgende Gericht eignen sich getrocknete Morcheln besonders gut. Im Gegensatz zu frischen Morcheln sind sie auch leichter erhältlich.

Bandnudeln mit Morchelsoße

20 g getrocknete Morcheln	in einer Mischung aus
100 ml Milch	und
50 ml Wasser	etwa 60 Minuten einweichen. Herausnehmen, gut abspülen, dann klein schneiden. Die Milch durch ein feines Sieb oder Filterpapier geben, um eventuelle Sandkörnchen zurückzuhalten, und auffangen.
250 g Vollkornbandnudeln	nach Packungsanleitung in Wasser mit
etwas Meersalz	gar kochen, dann abtropfen lassen.
1 kleine rote Zwiebel	schälen, fein würfeln und in
20 g Butter	glasig braten. Die Milch-Wasser-Mischung mit
1 EL körniger Gemüsebrühe,	
150 ml Schlagsahne	und den Morcheln zur Zwiebel geben. Mit
Kräutersalz,	
frisch gemahlenem	
schwarzen Pfeffer	und
mildem Paprikapulver	würzen, aufkochen und leicht einkochen lassen. Je nach gewünschter Sämigkeit
gegebenenfalls etwas Gemüsebrühe oder 1 – 2 EL Dinkelvollkorngrieß	einrühren.
4 – 6 Kirschtomaten	in die Soße geben, bis sie leicht erwärmt sind. Soße mit den Nudeln mischen und mit
klein gehackter Petersilie	bestreut servieren.

Tipps: Wer möchte, gibt noch etwas frisch geriebenen Ingwer dazu. Von Knoblauch rate ich ab, um den Morchelgeschmack nicht zu übertönen.

Mit Getreide

Mit ganzen Getreidekörnern lässt sich hervorragend kochen, wobei hierbei meist Reis oder Hirse verwendet werden, die schneller gar sind als Dinkel, Weizen oder Roggen. Wenn Sie vollwertig kochen und backen, empfiehlt es sich, über die Anschaffung einer guten und leistungsstarken Getreidemühle nachzudenken, falls noch keine in Ihrer Küche steht. Mit der Mühle können Sie Getreide direkt vor der Verarbeitung mahlen und verlieren so keine wertvollen Getreidebestandteile.

Beginnen wir das Kapitel mit einem Getreide, das hierzulande überwiegend als ganzes Korn in der Küche verwendet wird, dem Reis. Die Verwendung von Reismehl ist bei uns eher ungebräuchlich, obwohl ich damit schon manch interessantes Backwerk zubereitet habe.

Bunter Reisberg

30 g reine Pflanzenmargarine	erhitzen,
200 g Vollkornreis	dazugeben und 2 Minuten unter Rühren glasig braten.
500 ml Gemüsebrühe	dazugießen, aufkochen und bei leichter Hitze 25 – 30 Minuten köcheln lassen. Nicht umrühren, aber gelegentlich schütteln oder rütteln,
gegebenenfalls noch etwas Gemüsebrühe oder Wasser	dazugeben.
1 Zwiebel	schälen, fein würfeln und in
1 EL Öl	anbraten.
1 gelbe Paprikaschote	in etwa 3 cm lange Streifen schneiden und
200 g Zucchini	fein würfeln. Paprika und Zucchini zur Zwiebel geben und mit
50 ml Gemüsebrühe	gut 5 Minuten dünsten. Wenn der Reis körnig gar ist, das Gemüse dazugeben und mit
Kräutersalz	und
edelsüßem Paprikapulver	kräftig würzen.
2 – 3 Tomaten	achteln und
200 g roh verzehrbare Pilze wie Champignons	in Scheiben schneiden. Tomaten und Pilze unter die Gemüse-Reis-Mischung heben, etwas abkühlen lassen und sofort servieren.

Tipp: Statt die Pilze fast roh zu verwenden oder um nicht roh verzehrbare Pilze zu verarbeiten, können Sie sie auch zusammen mit dem Gemüse anbraten.

Obst in pikanten Gerichten ist überaus köstlich. Mitunter braucht es hierfür zwar etwas Mut, der Erfolg aber gibt dem Mutigen fast immer recht.

Pikanter Reis mit Obst

1 Zwiebel	schälen, klein würfeln und in
2 EL Erdnussöl	anbraten.
250 g Vollkornreis	mit
750 ml Gemüsebrühe	zur Zwiebel geben, aufkochen und 30 – 35 Minuten köcheln lassen, bis der Reis die Gemüsebrühe aufgenommen hat,
gegebenenfalls noch etwas Gemüsebrühe	dazugießen. Reis mit
Kräutersalz	und
Currypulver	würzen.
250 g Pilze nach Wahl	in nicht zu dünne Scheiben schneiden, in den Reis rühren und während der letzten 5 Minuten mitkochen lassen.
1 Apfel	schälen, entkernen und klein würfeln.
1 Banane	schälen und in dünne Scheiben schneiden.
30 g Butter	erhitzen und
2 EL Stachelbeerchutney (siehe Seite 135)	dazugeben. Apfel und Banane in die Butter geben und kurz anbraten. Pilz-Reis-Mischung auf einer vorgewärmten Platte anrichten und mit den Früchten garnieren.

Tipps: Auch Birne oder Melone eignet sich gut. Zusätzlich einige Rosinen oder halbierte Nüsse schmecken ebenfalls köstlich.

Wenn Sie einmal nicht so viel Zeit haben, Vollkornreis zu kochen, ist Hirse mehr als ein Ersatz. Häufig lassen sich die beiden Getreidearten in Rezepten untereinander tauschen, wenn Sie die unterschiedlichen Kochzeiten beachten und die Hirse vor dem Kochen gut unter heißem Wasser waschen.

Pilzhirsotto mit Kürbissoße

200 g Hirse	im Sieb gut mit heißem Wasser waschen, mit
400 – 450 ml Wasser	aufkochen und 3 – 5 Minuten köcheln lassen.
200 g Pilze nach Wahl	in Scheiben schneiden, mit
1 EL körniger Gemüsebrühe	zur Hirse geben und 5 Minuten mitkochen, bis die Hirse weich ist. Mit
Kräutersalz	und
frisch gemahlenem schwarzen Pfeffer	würzen.
2 Frühlingszwiebeln	in schmale Ringe schneiden.
10 g frischen Ingwer (2 – 4 cm)	fein würfeln. Zwiebeln und Ingwer kurz in
30 g Butter	anbraten.
300 g Hokkaidokürbis	grob würfeln, mit dem
Saft einer Blutorange	und
200 ml Gemüsebrühe	aufkochen, gut 5 Minuten köcheln lassen und dann pürieren.
30 g geriebenen Parmesan	unter den pürierten Kürbis ziehen und mit
Kräutersalz, frisch gemahlenem schwarzen Pfeffer, Cayennepfeffer, Paprikapulver, Kräutern der Provence	und
1 TL Sojasoße	kräftig würzen. Nochmals aufkochen, vom Herd nehmen,
3 – 4 EL Joghurt	einrühren und zum Pilzhirsotto servieren.

Tipps: Wenn Sie Vollkornreis statt Hirse nehmen, müssen die Körner 30 Minuten kochen. Auch Buchweizen können Sie verwenden, dieser braucht etwa genauso lange zum Kochen wie Hirse.

Wer wüsste nicht, dass Buchweizen nicht zum Getreide, sondern zu den Knöterichgewächsen zählt. Die Körner und auch das Mehl lassen sich aber häufig wie Getreide verwenden. Deshalb passt das folgende Rezept gut hierher.

Buchweizenkascha mit chinesischen Pilzen

100 g getrocknete chinesische Pilze nach Wahl	etwa 60 Minuten in
heißem Wasser	quellen lassen.
1 Ei	gut verquirlen und mit
200 g Buchweizen	verrühren, bis alle Körner überzogen sind. Buchweizen in einer Pfanne unter ständigem Rühren braten, bis die Körner leicht braun werden. Die Körner dann in einen Topf geben.
500 ml Gemüsebrühe	zum Buchweizen gießen, aufkochen, 15 Minuten köcheln und 15 weitere Minuten auf der ausgeschalteten Herdplatte quellen lassen. Der Buchweizen sollte die Flüssigkeit ganz aufgesogen haben.
1 Zwiebel	schälen, würfeln und in
2 EL Öl	anbraten. Die Pilze abtropfen lassen, größere Pilze klein schneiden. Pilze zur Zwiebel geben und kurz mitbraten. Mit
Kräutersalz, frisch gemahlenem schwarzen Pfeffer, Cayennepfeffer, Kräutern der Provence	und
1 TL Sojasoße	würzen. Die Buchweizenkörner zu den Pilzen geben und unter Rühren noch einige Minuten braten.

Tipps: Wer sich vegan ernährt, röstet die Körner ohne Fett oder brät sie mit etwas Öl oder Margarine an. Dazu passt Gemüse aller Art, das man auch unter die Kascha mischen kann.

Nachdem bei den bisherigen Getreidegerichten die ganzen Körner verwendet wurden, kommt bei den folgenden Rezepten frisch gemahlenes Getreide zum Einsatz.

Eierpfannkuchen mit Pilzen

200 g Dinkel	fein mahlen.
2 Eier	trennen, Eigelb mit dem Mehl,
250 ml Milch	und
250 ml Wasser	verrühren und 10 – 15 Minuten ruhen lassen. Eiweiß sehr steif schlagen und vorsichtig unterheben.
1 kleine Zwiebel	schälen, fein hacken und kurz in
30 g Butter	anbraten.
400 g Pilze nach Wahl	halbieren oder vierteln und mit
2 EL körniger Gemüsebrühe	und
Kräutersalz	zur Zwiebel geben. Bei starker Hitze unter Rühren einige Minuten braten, bis die Flüssigkeit zum größten Teil verdampft ist. Pilze ohne Flüssigkeit in den Teig geben.
Erdnussöl	in einer Pfanne erhitzen, den Teig schöpflöffelweise hineingeben und beidseitig goldgelb zu Eierkuchen ausbacken.

Tipps: Der Teig reicht für vier große Eierkuchen, ich backe aber meist sechs oder acht kleinere, weil sich diese leichter in der Pfanne wenden lassen. Wenn Sie die Pilze wie ich etwas bissfester mögen, verzichten Sie bei entsprechenden Arten wie Champignons einfach auf das Anbraten.

Brezeln sind einfach toll – aber eigentlich nur in den südlichen Bundesländern. Wenn ich bisher im Norden oder Osten eine Bäckerei fand, die unsere Spezialität anbot, wurde ich meist enttäuscht, ganz gleich, ob diese aus Vollkornmehl oder Weißmehl hergestellt war. Ja ich weiß, als Vollwertköstler macht man um Letzteres eigentlich einen großen Bogen, aber manchmal machen sich eben doch die Erfahrungen aus der Jugend bemerkbar, sodass ich eine Weißmehlbrezel mitunter so gern esse wie früher.

Pfifferlinge mit Brezelknödeln

2 altbackene Vollkornbrötchen	und
2 altbackene Vollkornbrezeln	in kleine Stücke schneiden, mit
300 ml lauwarmer Milch	übergießen und gut 60 Minuten durchziehen lassen, dabei immer wieder umrühren und etwas zerdrücken, damit alles gut durchfeuchtet ist.
1 großes Ei	verquirlen, über die Masse gießen, mischen und mit
Kräutersalz	und
frisch gemahlenem schwarzen Pfeffer	würzen. Wenn die Masse zu weich zum Formen ist,
gegebenenfalls 1 – 2 EL Vollkornsemmelbrösel	dazugeben.
1 Frühlingszwiebel	in feine Scheiben schneiden und in
20 g Butter	anbraten. Dann zur Teigmasse geben.
3 – 4 l leicht gesalzenes Wasser	in einem Topf aufkochen. Mit leicht feuchten Händen kleine Knödel aus dem Teig formen, ins kochende Wasser geben und die Knödel bei mäßiger Hitze 15 – 20 Minuten ziehen lassen.
1 rote Zwiebel	schälen, fein würfeln und in
30 g Butter	anbraten.

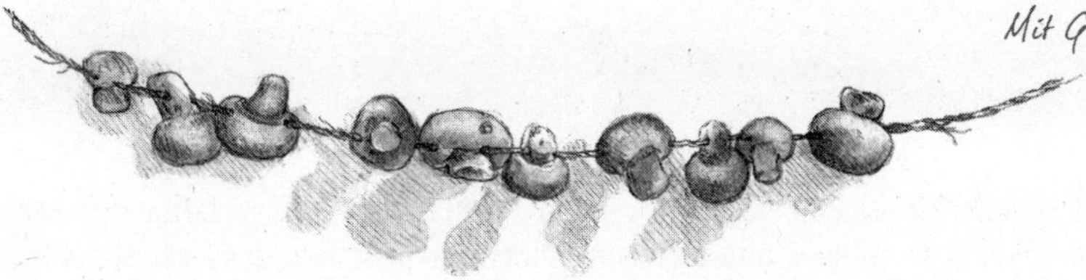

400 g Pfifferlinge	halbieren, wenn sie etwas größer sind, ansonsten ganz lassen. Pfifferlinge mit
50 g Butter	zur Zwiebel geben und unter gelegentlichem Rühren, ansonsten zugedeckt, anbraten. Nach 3 – 4 Minuten
400 ml Gemüsebrühe	dazugießen und knapp 10 Minuten dünsten. Dann
1 EL Dinkelvollkorngrieß	darüberstäuben, in die Flüssigkeit rühren und die Pilze mit
Kräutersalz, frisch gemahlenem schwarzen Pfeffer	und
Paprikapulver	kräftig würzen. Pfifferlinge zu den Brezelknödeln servieren.

Tipps: Sie können auch nur Brezeln und keine Brötchen verwenden. Statt Semmelbröseln nehme ich gerne auch gemahlene Mandeln.

Noch ein schwäbisches Leibgericht – die vegetarische Pilzvariante der Maultaschen. Wenn Sie etwas kleinere Taschen formen, lässt sich das Rezept auch auf italienische oder russische Quellen zurückführen und entsprechend benennen.

Pilz-Maultaschen

200 g Weizen	und
50 g Roggen	fein mahlen und mit
2 Eiern,	
Kräutersalz	und
4 EL Wasser	zu einem geschmeidigen, nicht klebenden Teig verkneten,
eventuell noch etwas Wasser	dazugeben.
50 g Grünkern	mittelgrob schroten, in
600 ml Gemüsebrühe	einrühren, kurz aufkochen und auf der ausgeschalteten Herdplatte 20 – 30 Minuten quellen lassen.
1 Zwiebel	schälen, sehr fein schneiden und in
1 EL Butter	anbraten.
150 g Pilze nach Wahl	klein schneiden, zur Zwiebel geben und 2 – 3 Minuten braten.
50 g Haselnüsse	fein reiben und kurz mit den Pilzen braten.
1 altbackenes Vollkornbrötchen	10 – 15 Minuten in
etwas Wasser	einweichen, dann ausdrücken. Das eingeweichte Brötchen, die Zwiebelmischung und den Grünkernschrot mit
30 g geriebenem Parmesan	mischen. Grünkern-Pilz-Mischung mit
Kräutersalz,	
frisch gemahlenem schwarzen Pfeffer	und
frisch geriebenem Muskat	pikant würzen.

Den Teig dünn ausrollen und in 10 cm große Quadrate schneiden. Jeweils etwas Füllung in die Mitte eines Quadrates setzen und dieses von einer Seite her aufrollen. Die offenen Seiten mit einer Gabel fest zusammendrücken.

köchelnder Gemüsebrühe

Maultaschen 10 – 15 Minuten in ziehen lassen.

In der Gemüsebrühe oder zu Salat servieren.

Tipps: Statt Haselnüssen und Grünkern eignen sich auch gekochte, grob geraspelte Kartoffeln. Mischen Sie die Pilze auch einmal mit geriebenem Kürbis oder geraspelten Möhren.

Gurken kommen meist frisch als Salat zum Einsatz, lassen sich aber ebenso gut gekocht verwenden. Und Grünkern, das grüne Korn des Dinkels, bekommt durch das Darren seinen ganz besonderen, intensiven Geschmack. Das folgende Gericht kombiniert beides zu einem köstlichen Ganzen.

Grünkernbällchen in Gurken-Pilz-Gemüse

100 g Grünkern	mittelgrob schroten.
1 Zwiebel	schälen, fein würfeln und kurz in
40 g Butter	anbraten. Dann den Grünkernschrot dazugeben und unter Rühren 1 Minute mitbraten.
300 ml Gemüsebrühe	dazugießen, aufkochen und zugedeckt unter gelegentlichem Rühren 5 – 8 Minuten köcheln lassen, dann 15 weitere Minuten auf der ausgeschalteten Herdplatte quellen lassen, dabei gelegentlich umrühren. Etwas abkühlen lassen.
1 Ei	und
100 g Vollkornsemmelbrösel	in die Grünkernmasse rühren und mit
Kräutersalz, frisch gemahlenem schwarzen Pfeffer, Paprikapulver	und
gerebeltem Majoran	kräftig würzen. Es muss ein gut formbarer Teig entstehen, gegebenenfalls noch etwas Semmelbrösel dazugeben. Bällchen aus dem Teig formen und diese ringsherum in
etwas Öl	kurz anbraten. Eine Auflaufform mit
Öl	einfetten und die Bällchen hineinlegen.
500 g Gurken	klein würfeln,
1 – 2 Tomaten	grob würfeln,
250 g Pilze nach Wahl	in Scheiben schneiden.
200 g Schafskäse	grob würfeln.

Gemüse, Pilze und Käse mischen und mit

Kräutersalz,
frisch gemahlenem
schwarzen Pfeffer
klein geschnittenem Dill

und würzen. Mischung neben die Bällchen in die Form geben und das Ganze im nicht vorgeheizten Backofen bei 180 °C 20 – 25 Minuten backen.

Tipps: Statt Gurken können Sie auch Zucchini oder Auberginen verwenden und den Schafskäse ganz oder teilweise durch Hartkäse oder Schimmelkäse ersetzen.

Hier ein Rezept mit Mais, genauer gesagt mit Maisgrieß. Wie bei allen Maisgerichten ist die goldgelbe Farbe dieser Getreideart besonders appetitanregend.

Polenta mit Maronenröhrlingen

1 Schalotte	und
1 Knoblauchzehe	schälen und klein schneiden.
1 l Gemüsebrühe	mit der Schalotte, dem Knoblauch und
etwas klein geschnittenem Basilikum	aufkochen.
200 g Maisgrieß	einrühren und bei schwacher Hitze zugedeckt knapp 10 Minuten köcheln lassen, dann 10 Minuten auf der ausgeschalteten Herdplatte quellen lassen, dabei gelegentlich umrühren.
350 ml Milch	in den Maisgrieß rühren, nochmals aufkochen und 5 weitere Minuten quellen lassen. Mit
Kräutersalz, frisch gemahlenem schwarzen Pfeffer	und
frisch geriebenem Muskat	würzen, zum Schluss
50 g Butter	und
50 g geriebenen Parmesan	unterrühren.
500 g Maronenröhrlinge	halbieren.
1 Schalotte	schälen und klein schneiden.
2 EL Olivenöl	in einer Pfanne stark erhitzen, die Pilze und die Schalotte dazugeben und unter ständigem Rühren und Schütteln der Pfanne 3 – 4 Minuten anbraten. Die Polenta in vorgewärmte Teller geben, die Pilze darüber verteilen und mit
klein gehackter Petersilie	bestreut servieren.

Tipps: Statt Schalotten verwende ich gerne Frühlingszwiebeln und statt Parmesan eignet sich auch Gorgonzola oder Schafskäse sehr gut.
Geben Sie nach Belieben zusätzlich klein geschnittene rote Paprika, gekochte Erbsen oder klein geschnittene gekochte Bohnen in die fertige Polenta.

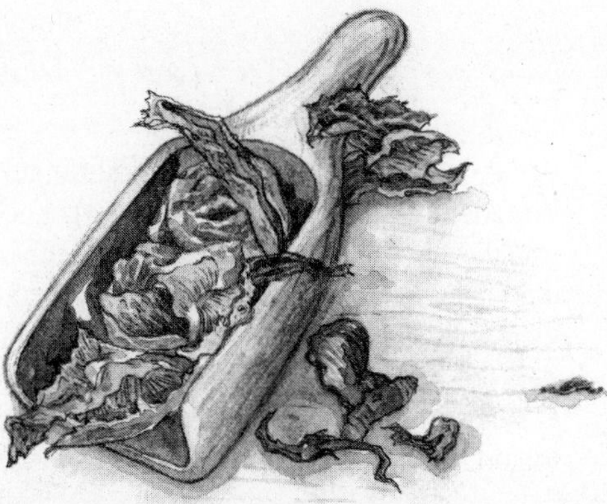

Aufläufe und Gratins

Aufläufe, Gratins und Soufflés schmecken lecker und sind deshalb beliebt. Trotzdem werden sie nicht so häufig gekocht, wie sie es eigentlich verdient hätten, und das hat seine Gründe: Erstens ist die Herstellung ziemlich zeitaufwendig und daher nur bedingt geeignet fürs tägliche Kochen. Außerdem benötigt man häufig viele Schüsseln, Töpfe und Formen, sodass Spülen und Aufräumen ebenfalls mehr Zeit in Anspruch nehmen als bei vielen anderen Gerichten. Trotzdem: Lassen Sie sich davon nicht abhalten und gönnen Sie sich möglichst oft den Genuss der folgenden Rezepte!

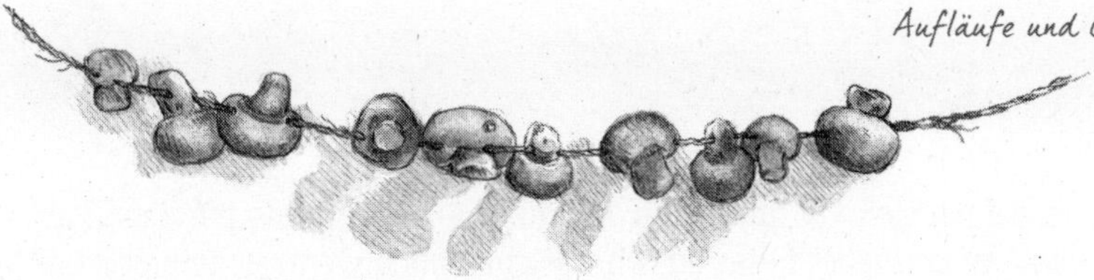

Ein typisches Gericht aus dem Land der Kühe und Almen, dem Allgäu.

Käse-Pilz-Auflauf

400 ml Wasser	mit
100 g Butter,	
Meersalz,	
frisch gemahlenem	
schwarzen Pfeffer,	
Paprikapulver	und
frisch geriebenem Muskat	aufkochen.
250 g Dinkel	und
100 g Roggen	fein mahlen, mit
2 – 3 TL Weinsteinbackpulver	mischen, unter Rühren ins kochende Wasser geben und das Ganze dann vom Herd nehmen. Etwas abkühlen lassen. Anschließend nach und nach
4 – 5 Eier	einrühren.
200 g Kürbis	fein raspeln,
300 g Pilze nach Wahl	fein schneiden und
300 g Bergkäse	reiben. Gemüse, Pilze und Käse unter den Teig mischen und eine Auflaufform mit
Öl	einfetten. Die Masse in die Auflaufform geben und den Auflauf im nicht vorgeheizten Backofen bei 175 °C etwa 1 Stunde backen.

Tipps: Backen Sie den Auflauf im Sommer mit Zucchini oder klein gewürfelten, eventuell geschälten Tomaten statt mit Kürbis.

Kartoffeln eignen sich vorzüglich für Aufläufe. Allerdings rate ich davon ab, sie – wie man immer wieder liest – in roher Form – auch wenn sie fein geschnitten oder geraspelt sind – in Aufläufen zu verwenden, in der Hoffnung, dass sie am Ende der Backzeit gar sind. Meiner Erfahrung nach ist das meist nicht der Fall. Daher backe ich Aufläufe grundsätzlich nur mit gekochten Kartoffeln.

Kartoffel-Kohl-Auflauf

1 kleine Süßkartoffel (etwa 250 g)	und
500 g Kartoffeln	in Wasser mit
etwas Meersalz	aufkochen und gut 25 Minuten köcheln lassen.
500 g Weißkohl	in dünne Streifen schneiden, in
250 ml Gemüsebrühe	aufkochen und 10 Minuten köcheln lassen. Weißkohl mit
Paprikapulver, Kräutersalz, frisch gemahlenem schwarzen Pfeffer	und
gerebeltem Majoran	würzen.
80 g gemahlene Haselnüsse	in einer Pfanne ohne Fett unter Rühren erhitzen, bis sie anfangen, zu duften. Dann sofort vom Herd nehmen und noch etwas weiterrühren.
1 Zwiebel	schälen, fein würfeln und in
20 g Butter	anbraten.
150 g Pilze nach Wahl	in dünne Scheiben schneiden, zur Zwiebel geben und unter Rühren kurz mitbraten. Die Haselnüsse mit
50 g Butter	zu den Pilzen geben und verrühren, bis die Butter zerlaufen ist. Eine Auflaufform gut mit
Butter	einfetten. Die Kartoffeln schälen, in Scheiben schneiden und den Boden der Auflaufform mit zwei Drittel der Scheiben belegen. Mit
frisch geriebenem Muskat	würzen.

	Den Weißkohl gut abtropfen lassen – dabei die Kochflüssigkeit auffangen – und die Hälfte davon auf den Kartoffeln in der Form verteilen. Darüber die Nuss-Pilz-Mischung verteilen und diese mit dem restlichen Weißkohl bedecken. Die Süßkartoffel schälen, in Scheiben schneiden und im Wechsel mit den restlichen Kartoffeln auf den Kohl legen.
350 g Magerquark	mit der etwas abgekühlten Weißkohlgemüsebrühe und
2 – 3 Eiern	mischen, mit
Kräutersalz, Cayennepfeffer	 und
Sojasoße	würzen und löffelweise über dem Auflauf verteilen.
100 g Bergkäse	in Scheiben schneiden und den Auflauf damit belegen. Auflauf im nicht vorgeheizten Backofen bei 180 °C 50 – 60 Minuten backen, während der letzten Minuten gegebenenfalls abdecken oder die Temperatur vorher etwas zurückschalten, damit der Auflauf nicht zu braun wird.

Tipps: Statt Weißkohl können Sie auch Wirsing verwenden. Auch mit Blattspinat und vielen anderen Gemüsearten entsteht ein schmackhafter Auflauf. Belegen Sie den Auflauf mit anderen Käsesorten oder mischen Sie den Bergkäse mit Blauschimmelkäse und Schafskäse.

Topinambur stammt ursprünglich aus Nordamerika und Mittelamerika und ist mit den Sonnenblumen verwandt. Heute wird die Pflanze auch in Europa angebaut. In der Küche verwendet man die Wurzelknolle, die vor dem Kochen gut geputzt und danach gegebenenfalls dünn abgeschält wird.

Topinambur-Shiitake-Auflauf

1 Süßkartoffel (etwa 200 g)	in Wasser mit
etwas Meersalz	aufkochen und 35 Minuten köcheln lassen. Nach 10 Minuten
3 Kartoffeln (etwa 400 g)	und
500 g Topinambur	dazugeben und mitkochen. Eine Auflaufform mit
Öl	einfetten. Süßkartoffel und Kartoffeln schälen und ebenso wie die Topinambur in dünne Scheiben schneiden. Den Boden der Auflaufform mit zwei Drittel der Kartoffelscheiben belegen, darüber die Hälfte der Topinamburscheiben verteilen und mit
frisch gemahlenem schwarzen Pfeffer	bestreuen.
200 g Shiitake	in Scheiben schneiden und in der Form verteilen. Darüber die restlichen Topinamburscheiben legen und mit
Paprikapulver	bestreuen. Schließlich die restlichen Kartoffelscheiben und die Süßkartoffelscheiben darüberschichten.

150 g saure Sahne	mit
150 g Frischkäse	mischen,
2 Eier	unterrühren und mit
Kräutersalz, gerebeltem Majoran, frisch gemahlenem schwarzen Pfeffer,	
Sojasoße	und
Cayennepfeffer	kräftig würzen. Diese Mischung über die Kartoffelscheiben gießen.
150 g Emmentaler	und
20 g Parmesan	fein reiben, mischen und den Auflauf damit bestreuen. Auflauf im nicht vorgeheizten Backofen bei 180 °C etwa 60 Minuten backen, während der letzten Minuten gegebenenfalls abdecken, damit der Auflauf nicht zu braun wird.

Tipps: Sind die Topinamburknollen groß, können Sie diese auch schon mit der Süßkartoffel ins Wasser geben. Geben Sie nach Belieben noch eine gewürfelte Zwiebel oder Lauchstreifen in den Auflauf.

Wenn Sie vermeiden möchten, dass die Pilze beim Backen zu viel Wasser abgeben, braten Sie diese vorher kurz mit einer Zwiebel an, bis die Flüssigkeit austritt, und geben die Pilze dann ohne Flüssigkeit in den Auflauf.

Spaghetti zu essen, ist nicht immer einfach – und nicht selten darf man anschließend Tomatenflecken aus der Kleidung entfernen. Beim folgenden Auflauf ist das aber sicher kein Problem.

Spaghettiauflauf mit Kräuterseitlingen

1 Zwiebel	schälen, nicht zu fein würfeln und kurz in
2 – 3 EL Olivenöl	anbraten.
1 kg Fleischtomaten	kurz in heißes Wasser geben, herausnehmen, häuten, grob würfeln und mit
100 ml Gemüsebrühe	zur Zwiebel geben.
	5 – 10 Minuten köcheln lassen und mit
klein geschnittenem Basilikum,	
Kräutersalz,	
frisch gemahlenem schwarzen Pfeffer,	
Chilipulver,	
Paprikapulver	und
1 TL mittelscharfem Senf	kräftig würzen.
300 g Vollkornspaghetti	in
1 l Gemüsebrühe	nach Packungsanleitung al dente kochen, abtropfen lassen und mit der Tomatensoße,
50 g geriebenem Parmesan	und
3 Eiern	mischen. Eine Auflaufform mit
Öl	einfetten, die Hälfte der Nudelmasse in die Form füllen.

300 g Kräuterseitlinge	der Länge nach halbieren und dicht an dicht auf die Tomaten-Spaghetti-Masse legen. Dann den Rest der Masse in der Form verteilen.
100 g Appenzeller	fein reiben und über den Auflauf streuen. Auflauf im nicht vorgeheizten Backofen bei 180 °C etwa 40 Minuten backen, Ofen ausschalten und den Auflauf 10 – 15 weitere Minuten darin stehen lassen, währenddessen gegebenenfalls abdecken, damit er nicht zu braun wird.

Tipps: Gerne verwende ich im Herbst statt Tomaten Hokkaidokürbis, den ich grob rasple und nach dem Kochen zusätzlich püriere. Auch mit Süßkartoffeln statt der Tomaten gelingt dieser Auflauf sehr gut.

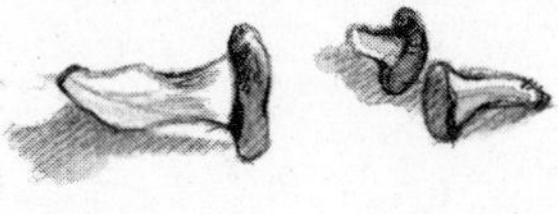

Aus Spinat lassen sich die herrlichsten Gerichte zaubern, zum Beispiel das folgende Spinatgratin.

Spinatgratin

1 rote Zwiebel	schälen und fein würfeln.
5 g frischen Ingwer (1 – 2 cm)	fein schneiden.
	Ingwer und die Hälfte der Zwiebel in
2 EL Erdnussöl	anbraten, dann
1 getrocknete Chilischote, 2 kleine Stückchen Zimtrinde, einige Korianderkörner	und
einige Zwiebelsamen	dazugeben und einige Minuten braten.
1000 g Spinat	waschen, Blattstiele entfernen und feucht zur Zwiebel geben. Aufkochen und so lange dünsten, bis der Spinat in sich zusammenfällt,
gegebenenfalls 100 ml Gemüsebrühe	dazugeben. Spinat mit
Kräutersalz	und
frisch gemahlenem schwarzen Pfeffer	würzen.
500 g Champignons	in dünne Scheiben schneiden.
	Die restliche Zwiebel in
2 EL Erdnussöl	anbraten, die Pilze dazugeben und unter gelegentlichem Rühren so lange braten, bis das austretende Wasser verdunstet ist.
	Eine Auflaufform mit
Butter	einfetten, zwei Drittel des Spinats auf dem Boden der Form verteilen, darauf die Pilze legen und diese mit dem restlichen Spinat bedecken.

2 Eier	gut mit
200 ml Schlagsahne	verquirlen und diese Mischung über den Spinat gießen.
20 g Butter	in Flöckchen auf dem Gratin verteilen. Gratin im nicht vorgeheizten Backofen bei 180 °C etwa 15 Minuten stocken lassen, nach 10 Minuten
50 – 80 g Roquefort	in dünnen Scheiben auf das Gratin legen und das Ganze fertigbacken.

Tipps: Gut schmeckt das Gratin auch mit Emmentaler, Gouda oder Schafskäse oder mit einer Mischung verschiedener Käsesorten. Backen Sie das Gratin auch einmal mit anderen Pilze oder einer Mischung verschiedener Pilze.

Im Winter geht fast nichts über Sauerkraut, das gesund ist und in allen Variationen hervorragend schmeckt. Probieren Sie es einfach mal aus und beginnen Sie mit meinem Rezept für Sauerkrautgratin mit Austernpilzen.

Sauerkrautgratin mit Austernpilzen

400 g Vollkornbandnudeln	nach Packungsanleitung garen, dann abtropfen lassen.
1 Zwiebel	schälen und fein hacken,
1 Knoblauchzehe	schälen und zerdrücken. Zwiebel und Knoblauch in
1 – 2 EL Butter	anbraten.
500 g Sauerkraut	klein schneiden, mit
200 ml Gemüsebrühe	zur Zwiebel geben und gut 15 Minuten dünsten. Abtropfen lassen und mit den Nudeln mischen. Eine Auflaufform mit
Öl	einfetten, die Hälfte der Nudelmischung in die Form geben und gleichmäßig verteilen.
250 g Austernpilze	in Streifen schneiden, auf der Sauerkrautmischung in der Form verteilen, dann das restliche Sauerkraut darübergeben.
200 g saure Sahne	mit
100 ml Schlagsahne	verrühren und langsam über die Mischung in der Form gießen.
200 g Schafskäse	mit der Gabel zerdrücken und das Gratin damit bedecken. Gratin im nicht vorgeheizten Backofen bei 180 °C etwa 20 Minuten überbacken und heiß servieren.

Tipps: Geben Sie zusätzlich grob geraspelten Kürbis oder geraspelte Möhren in das Gratin und verwenden Sie Bergkäse statt Schafskäse.

Nach dem Winterrezept mit Sauerkraut nun ein Sommerrezept mit Zucchini.

Zucchini-Pilz-Gratin

1 Knoblauchzehe	schälen, zerdrücken und mit
600 g Austernpilzen	einige Minuten in
2 – 3 EL Erdnussöl	anbraten.
800 g Zucchini	der Länge nach in 3 – 5 mm dicke Scheiben schneiden und eine Auflaufform mit
Butter	einfetten.
100 g saure Sahne,	
100 ml Schlagsahne	und
50 ml Gemüsebrühe	gut mit
2 – 3 Eiern,	
2 EL Dinkelvollkornmehl	und
50 g geriebenem Parmesan	verrühren. Sahnemischung kräftig mit
Kräutersalz,	
frisch gemahlenem	
schwarzen Pfeffer	und
frisch geriebenem Muskat	würzen. Die Zucchinischeiben und die Pilze dachziegelartig in die Form schichten. Die Sahnemasse darübergießen. Gratin im nicht vorgeheizten Backofen bei 180 °C 25 – 30 Minuten backen, gegebenenfalls während der letzen Minuten abdecken, damit das Gratin nicht zu dunkel wird.

Tipps: Wer die Pilze etwas fester bevorzugt, verzichtet auf das Anbraten und gibt zusätzlich noch 1 EL Dinkelvollkornmehl in die Sahnemischung.
Für weichere Zucchini blanchieren Sie die Scheiben zunächst kurz in Salzwasser, bevor Sie sie in die Form schichten. Braten Sie nach Belieben noch gewürfelte Zwiebeln mit an und ersetzen Sie den Knoblauch durch Ingwer.

Polenta oder Maismehl verleiht Gerichten eine appetitliche gelbe Farbe. Wenn dann wie bei der folgenden Maispastete auch der Geschmack noch stimmt – was will man mehr!

Maispastete

1 l Gemüsebrühe	aufkochen und mit
Kräutersalz	würzen. Langsam
200 g Maisgrieß	in die Brühe rühren und bei schwacher Hitze 5 Minuten unter Rühren köcheln lassen. Dann auf der ausgeschalteten Herdplatte 20 – 30 Minuten quellen lassen und dabei gelegentlich umrühren.
200 g Möhren	grob raspeln.
1 Zwiebel	schälen, fein würfeln und in
2 EL Öl	anbraten.
200 g Champignons	blättrig schneiden. Möhren und Pilze zur Zwiebel geben und 5 Minuten mitbraten.
2 EL Tomatenmark	und
100 ml Gemüsebrühe	zu den Champignons geben, mit
Kräutersalz	und
frisch gemahlenem schwarzen Pfeffer	würzen und zugedeckt 5 – 8 Minuten schmoren lassen.
100 g Lauch	in Ringe schneiden,
100 g Sellerie	grob raspeln und
200 g Shiitake	blättrig schneiden. Gemüse und Pilze in
2 EL Öl	anbraten, 5 Minuten unter Rühren weiterbraten, dann
100 ml Gemüsebrühe	dazugeben und mit
klein geschnittenem Salbei, Kräutersalz	und
Paprikapulver	würzen. Zugedeckt 5 – 8 Minuten schmoren lassen.

Öl — Eine Auflaufform mit einfetten und ein Drittel der Polenta darin verteilen. Die beiden Pilz-Gemüse-Mischungen etwas abtropfen lassen. Dann die Champignonmischung auf die Polenta geben und darüber das zweite Drittel der Polenta verteilen. Dann die Shiitakemischung in die Form geben und mit der restlichen Polenta bedecken. Pastete im nicht vorgeheizten Backofen bei 180 °C etwa 15 Minuten backen, dann in der Form servieren.

Tipps: Wenn Sie sich nicht vegan ernähren, können Sie nach Belieben geriebenen Käse über die Pilzmischungen geben oder die Pastete damit bestreuen und gegebenenfalls auch noch einige Butterflöckchen auf die Pastete setzen. Interessant ist auch eine Variante mit einer Mischung aus rohen Champignons und einem geschälten, in Scheiben geschnittenen Apfel, die ohne Anbraten auf der untersten Polentaschicht verteilt wird.

Wählen Sie für gefüllte Champignons größere Pilze, die weniger Arbeit machen und appetitanregender wirken. Falls Ihr Gemüsehändler größere Champignons nicht immer vorrätig hat, bestellen Sie diese für eine besondere Gelegenheit.

Gefüllte Champignons

8 große Champignons	entstielen und die Stiele anschließend klein schneiden.
1 kleine Zwiebel	schälen, fein würfeln und mit den klein geschnittenen Pilzstücken kurz in
30 g Butter	anbraten.
1 EL Vollkornsemmelbrösel	und
1 EL gemahlene Mandeln	dazugeben, umrühren und vom Herd nehmen.
100 g Emmentaler	fein reiben und zu den gebratenen Pilzen geben. Die Masse mit
Kräutersalz, frisch gemahlenem schwarzen Pfeffer, Paprikapulver	und
gehackter Petersilie	mischen und die Champignons damit füllen, die Masse etwas andrücken. Eine Auflaufform mit
Öl	einfetten und die Pilze in die Form setzen.
80 – 100 ml Gemüsebrühe	neben die Pilze in die Form gießen und die Pilze im nicht vorgeheizten Backofen bei 200 °C etwa 15 Minuten backen.

Tipps: Weitere Füllungen finden Sie in den Rezepten »Paprika mit Wildreisfüllung« auf Seite 46 und »Gefüllte Auberginenschiffchen« auf Seite 53.

Leicht und locker sollte ein Soufflé sein – öffnen Sie den Ofen deshalb nicht, während das Soufflé darin bäckt.

Pfifferlingssoufflé

½ Zwiebel	schälen, sehr fein würfeln und kurz in
100 g Butter	anbraten.
3 – 4 EL Weizenvollkornmehl	in die Butter rühren, mit
400 ml Milch	ablöschen, glatt rühren, nochmals aufkochen und 1 Minute köcheln lassen.
400 g Pfifferlinge	je nach Größe halbieren oder vierteln, in die Mehlsoße geben, diese vom Herd nehmen und etwas abkühlen lassen.
½ Bund Schnittlauch	klein schneiden und
4 Eier	trennen. Das Eigelb und den Schnittlauch unter die Soße ziehen und mit
frisch gemahlenem schwarzen Pfeffer,	
frisch geriebenem Muskat	und
Paprikapulver	kräftig würzen. Das Eiweiß mit
Kräutersalz	sehr steif schlagen und vorsichtig unter die Pfifferlingsmasse ziehen. Eine Auflaufform leicht mit
Butter	einfetten und mit
gemahlenen Haselnüssen oder Weizenvollkorngrieß	ausstreuen. Den Backofen auf 200 °C vorheizen. Die Masse in die Form füllen, die Form in den Ofen stellen, die Temperatur auf 175 °C herunterschalten und das Soufflé 35 – 45 Minuten backen. Währenddessen die Backofentür nicht öffnen, damit das Soufflé nicht zusammenfällt.

Tipp: Backen Sie das Soufflé auch im Fall eines Umluftherds nur mit Ober- und Unterhitze und schalten Sie auf keinen Fall Umluft mit ein.

Das folgende Rezept ist für zwei Personen gedacht. Wenn Sie vier Portionen benötigen, verdoppeln Sie einfach die Menge und wählen eine größere, aber flache Auflaufform.

Gebackene Eier

200 g Lauch	in schmale Ringe schneiden und
250 g Champignons	in dünne Scheiben schneiden. Lauch und Champignons einige Minuten in
30 g Butter	anbraten. Den Backofen auf 170 °C vorheizen. Eine kleine Auflaufform mit
Butter	einfetten, den Lauch und die Pilze in die Form füllen und gleichmäßig darin verteilen.
2 Eier	darüber aufschlagen, sodass die Eigelbe wie bei Spiegeleiern erhalten bleiben. Dann
80 – 100 ml Schlagsahne	mit
Kräutersalz	und
frisch gemahlenem schwarzen Pfeffer	würzen und über das Gemüse und die Eier gießen. Auflauf 15 – 20 Minuten im Backofen backen, je nachdem wie fest Sie die Eier möchten. Aus dem Ofen nehmen und in der Form servieren. Gegebenenfalls mit
klein geschnittenem Schnittlauch	bestreuen und mit
Kräutersalz	und
frisch gemahlenem schwarzen Pfeffer	nachwürzen.

Tipps: Statt Lauch schmeckt auch Staudensellerie, den Sie vor dem Anbraten am besten leicht andünsten. Achten Sie darauf, dass Sie die aufgeschlagenen Eier gut in der Form verteilen und das Eigelb dabei erhalten.

Ein Pudding ist zwar kein Auflauf und wird auch nicht im Backofen gebacken – weil ich das folgende Rezept aber unbedingt vorstellen möchte, bildet es an dieser Stelle den krönenden Abschluss im Reigen der Aufläufe und Gratins.

Champignon-Käse-Pudding

200 g Champignons	halbieren, in Scheiben schneiden und einige Minuten unter Rühren in
20 g Butter	braten, bis das in den Pilzen enthaltene Wasser größtenteils ausgetreten ist.
40 – 60 g Weizen	fein mahlen, zu den Pilzen geben und unter Rühren einige Minuten braten.
350 ml Milch	dazugießen, kurz aufkochen und 3 Minuten köcheln lassen. Mit
Kräutersalz, frisch gemahlenem schwarzen Pfeffer	und
frisch geriebenem Muskat	würzen.
100 g Emmentaler	fein reiben.
½ Bund Schnittlauch	klein schneiden, mit dem Käse vermischen, in den Topf rühren und diesen vom Herd nehmen. Etwas abkühlen lassen.
2 Eier	trennen, das Eigelb mit 2 EL Käsemasse aus dem Topf verrühren und in den Topf geben. Das Eiweiß sehr steif schlagen und vorsichtig unterheben. Eine Puddingform mit
Butter	einfetten und mit
Vollkornsemmelbröseln	ausstreuen. Die Masse in die Form füllen, diese fest verschließen und den Pudding im siedenden Wasserbad 60 Minuten gar kochen. Form aus dem Wasserbad nehmen und etwas abkühlen lassen. Vorsichtig vom Rand lösen, auf eine Platte stürzen und sofort servieren.

Tipps: Nehmen Sie dreierlei Käse – neben Emmentaler noch Parmesan und Schafskäse –, wobei der Emmentaler mindestens die Hälfte der Gesamtkäsemasse ausmachen sollte.

Aus der Pfanne

In diesem Kapitel möchte ich Gebratenes aus der Pfanne vorstellen. Viele der folgenden Rezepte sind Küchlerezepte oder Rezepte mit Ei, doch lesen Sie einfach selbst. Diese Gerichte lassen sich häufig sehr gut vorbereiten – so können Sie zum Beispiel benötigte Kartoffeln oder Getreide bereits einige Stunden vor dem eigentlichen Bratvorgang kochen, wenn Sie gerade Zeit dafür haben. Das Braten selbst benötigt dann nur sehr wenig Zeit.

Wählen Sie beim Kauf von Süßkartoffeln Sorten mit orangefarbenem Fleisch, weil das eine besonders appetitliche Farbe ist und sich die Süßkartoffeln so gut von den eventuell gleichzeitig verwendeten Kartoffeln unterscheiden lassen. Fragen Sie gegebenenfalls beim Verkäufer danach oder lassen Sie sich eine Süßkartoffel aufschneiden. Verwenden Sie im selben Gericht allerdings Hokkaidokürbis, gestaltet sich die Unterscheidung schwieriger.

Süßkartoffelküchle mit Pilzen

500 g Süßkartoffeln	je nach Dicke 30 – 35 Minuten in Wasser weich kochen, schälen und mit dem Kartoffelstampfer zerdrücken.
100 g Dinkel	fein mahlen.
150 g Pilze nach Wahl	in dünne Scheiben schneiden, größere Pilze zuvor halbieren oder vierteln.
½ Bund Schnittlauch	klein schneiden,
5 g frischen Ingwer (1 – 2 cm)	fein reiben.
	Dinkel, Pilze, Schnittlauch und Ingwer mit
1 Ei	zu den Süßkartoffeln geben, mit
Kräutersalz, Paprikapulver, frisch gemahlenem schwarzen Pfeffer	und
Chilipulver	würzen und gut vermischen.
Erdnussöl	in einer Pfanne erhitzen. Den Teig löffelweise in die Pfanne geben, zu dünnen Küchle glatt streichen und bei mittlerer Hitze auf beiden Seiten etwa 6 Minuten braten. Sofort zu Salat servieren.

Tipps: Wenn Sie sich vegan ernähren, kneten Sie den Teig besonders kräftig durch. Dann können Sie das Ei weglassen.
Sollen die Küchle etwas fester sein, geben Sie zusätzlich 50 – 100 g gemahlene Nüsse oder Dinkelvollkorngrieß in die Masse.

Haferkörner sind weicher als die Körner von Weizen oder Roggen und daher schneller weich gekocht, dies gilt auch für Haferschrot, den ich für die folgenden Haferküchle verwende. Wenn Sie eine Flockenquetsche haben, verwenden Sie diese für das folgende Rezept statt den Hafer zu schroten.

Hafer-Pilz-Küchle

150 g Hafer	mittelgrob schroten.
300 – 350 ml Gemüsebrühe	aufkochen, den Haferschrot rasch einrühren, unter gelegentlichem Rühren 5 Minuten köcheln lassen und anschließend auf der ausgeschalteten Herdplatte 15 – 20 Minuten quellen lassen.
100 g Pilze nach Wahl	klein schneiden und nach dem Köcheln in die Hafermasse geben.
100 g Hokkaidokürbis	fein reiben und in die gequollene Hafer-Pilz-Masse rühren. Mit
Kräutersalz, frisch gemahlenem schwarzen Pfeffer, klein geschnittenem Basilikum, Cayennepfeffer, Ingwerpulver	und
1 EL Tomatenmark	kräftig würzen. Dann
1 – 2 EL Dinkelvollkorngrieß	einrühren und 5 Minuten ruhen lassen.
1 – 2 EL Erdnussöl	in einer Pfanne erhitzen, knapp 2 cm dicke Küchle aus der Hafer-Pilz-Masse formen und diese im heißen Öl auf beiden Seiten jeweils 6 – 7 Minuten braten.

Tipps: Nehmen Sie statt Hafer zur Abwechslung Grünkern und statt Kürbis zum Beispiel Zucchini oder Möhren und Kohlrabi.

Sojabohnen enthalten wie alle Hülsenfrüchte viel wertvolles Eiweiß, daher verwende ich sie recht gerne. Stark verarbeitete vegetarische Sojaprodukte sind dagegen nicht unbedingt mein Ding, weil sie ebenso wenig vollwertig sind wie andere industriell hergestellten Produkte.

Bohnenküchle

150 g Sojabohnen reichlich Wasser	über Nacht in einweichen.
	Die Bohnen anschließend abspülen, in
knapp 500 ml Wasser 1 EL Öl	mit aufkochen und 2 Stunden köcheln lassen, dann abtropfen lassen.
100 g Haselnüsse 150 g Vollkornsemmelbröseln	fein mahlen und mit mischen.
150 g Pilze nach Wahl	klein schneiden.
100 g Bergkäse	fein reiben. Die Bohnen, die Nuss-Brösel-Mischung, die Pilze und den Käse mischen, mit
gerebeltem Majoran, Kräutersalz, frisch gemahlenem schwarzen Pfeffer, Currypulver Ingwerpulver	und kräftig würzen. Dann
3 Eier	dazugeben und gründlich verkneten, am besten von Hand.
Öl	in einer Pfanne erhitzen. Aus dem Teig Küchle formen. Dabei sollten sowohl die Bohnen als auch die Pilzstücke nach Möglichkeit guten Halt haben. Die Küchle im heißen Öl auf beiden Seiten gut 5 Minuten braten.

Tipps: Auch Kichererbsen können auf diese Weise verwendet werden, wobei Sie in diesem Fall noch mehr Wert auf das Abspülen legen und die abweichende Einweichzeit und Garzeit beachten sollten.

Paniertes ist beliebt und je größer ein Pilz ist, desto einfacher ist das Panieren und Ausbraten in der Pfanne. Deshalb ist für diesen Zweck der Portobello, eine besonders große Champignonzüchtung, kaum zu schlagen.

Panierte Portobello

4 Portobello	entstielen und die Stiele zum Beispiel für einen Salat oder eine Soße verwenden. Die Pilzhüte in knapp 1 cm dicke Scheiben schneiden.
80 g Weizen	fein mahlen, gegebenenfalls etwas aussieben.
2 Eier	verquirlen.
50 g Vollkornsemmelbrösel	und
50 g gemahlene Nüsse	mischen und mit
etwas Kräutersalz	würzen. Die Pilzscheiben zuerst im Mehl, dann in den Eiern und zuletzt in der Bröselmischung wälzen, diese gut andrücken.
50 g Butter	in einer Pfanne erhitzen und die Pilzscheiben bei mittlerer Hitze auf beiden Seiten 5 – 6 Minuten darin braten.

Tipp: Selbstverständlich können Sie die gemahlenen Nüsse in der Panade auch weglassen und nur Semmelbrösel verwenden. Oder mischen Sie gemahlenen Dinkel und Roggen als Grundlagen der Panade.

Sie haben es eilig oder es fehlt Ihnen eine wichtige Zutat zum Panieren der Portobello? Kein Problem – wählen Sie die folgende vegane Variante.

Gebratene Portobello

4 Portobello	entstielen und die Stiele zum Beispiel für einen Salat oder eine Soße verwenden. Die Pilzhüte in etwa 1 cm dicke Scheiben schneiden.
2 EL Erdnussöl	in einer Pfanne stark erhitzen, die Pilzscheiben bei mittlerer Hitze unter mehrmaligem Wenden etwa 10 Minuten darin braten. Vor dem Servieren kräftig mit
Kräutersalz, frisch gemahlenem schwarzen Pfeffer	und
Paprikapulver	würzen.

Tipp: Auf die gleiche Art können Sie auch andere Pilze mit breiten Hüten verwenden. Wenn Sie in der freien Natur auf Pilzsuche gehen, finden Sie eventuell den unverwechselbaren, großen Parasolpilz, der genauso gut schmeckt wie Portobello.

Für das folgende Gericht eignen sich die meist etwas größeren Hüte der Austernpilze besonders gut, weil sie viel Füllung aufnehmen. Haben Sie keine Angst und versuchen Sie dieses Gericht – es ist einfacher zuzubereiten, als es klingen mag!

Austernpilz-Piccata

8 – 12 Austernpilze	entstielen und die Stiele gegebenenfalls für ein anderes Gericht verwenden.
80 g Emmentaler,	
20 g Parmesan	und
20 g Haselnüsse	fein reiben.
2 Eier	verquirlen, den geriebenen Käse und die Haselnüsse unterrühren und mit
Kräutersalz	und
frisch gemahlenem	
schwarzen Pfeffer	würzen. Diese Masse auf den Lamellenseiten der Pilze verstreichen.
30 g Butter	in einer Pfanne erhitzen. Die Pilze mit dem Belag nach unten in die Pfanne legen und bei schwacher Hitze langsam braten. Pilze anschließend wenden und kurz fertig braten.

Tipps: Dazu passen Vollkornnudeln, Vollkornreis oder auch Kartoffeln sowie Salat oder gedünstetes Gemüse sehr gut.

Bei den folgenden Rezeptvarianten war ich lange unschlüssig, ob ich die gefälligere oder die nicht so angepasste Variante detailliert vorstellen soll. Welche habe ich wohl gewählt? Das folgende Rezept ist für zwei Personen gedacht.

Gebratene Sojabohnen mit Kräuterseitlingen

200 g weich gekochte Sojabohnen	mit der Gabel zerdrücken oder nicht zu fein pürieren. Kräftig mit
2 TL körniger Gemüsebrühe, Kurkuma, Kräutersalz, Sojasoße	und
Cayennepfeffer	würzen und einige Minuten durchziehen lassen.
2 EL Erdnussöl	in einer Pfanne erhitzen, die zerdrückten Sojabohnen hineingeben und unter gelegentlichem Rühren bei starker Hitze 1 – 2 Minuten anbraten.
200 – 250 g Kräuterseitlinge	in lange Streifen schneiden, zu den Sojabohnen geben und 5 weitere Minuten unter gelegentlichem Rühren dünsten.
5 – 6 Bärlauchblätter	in schmale Streifen schneiden und während der letzten Minuten mitbraten. Sofort servieren.

Tipps: Statt der Sojabohnen können Sie auch 200 g Tofu mit der Gabel zerdrücken und ansonsten wie im Rezept beschrieben weiterverarbeiten. Verwenden Sie statt Bärlauch auch einmal jungen Spinat. In der bärlauchlosen Zeit garnieren Sie das Gericht mit klein geschnittenem Schnittlauch oder angebratener Frühlingszwiebel.

Wenden wir uns nun den Eiergerichten aus der Pfanne zu – und wieder bin ich für das folgende Gericht in unserem Nachbarland fündig geworden.

Belgische Eierkuchen

200 g Champignons	blättrig schneiden.
4 Eier	trennen. Das Eigelb mit
3 – 4 EL Vollkornmehl	und
2 – 3 EL Mineralwasser	verrühren und mit
Kräutersalz	und
frisch gemahlenem schwarzen Pfeffer	würzen.
½ Bund Schnittlauch	klein schneiden und mit den Pilzen in den Teig geben. Das Eiweiß sehr steif schlagen und vorsichtig unterheben.
Erdnussöl	in einer Pfanne erhitzen und bei mittlerer Hitze aus dem Teig nacheinander vier Omelette braten.

Tipp: Wer möchte, brät die Pilze zuerst in wenig Butter an, damit sie etwas Flüssigkeit verlieren.

Ein Frühstück mit Rührei und Pilzen ist immer ein Genuss, vor allem, wenn es mit frischen Pilzen zubereitet wird. Ich erinnere mich gerne an verschiedene Gelegenheiten, wo ich auf Rügen ein solches Frühstück genossen habe, nachdem wir von einer Frühwanderung an der Kreideküste nach Sassnitz zurückgekommen sind und uns vor weiteren Taten solchermaßen in einem Frühstückscafé gestärkt haben. Das folgende Rezept ist für eine Person gedacht.

Rührei mit Pilzen

1 Frühlingszwiebel	in feine Ringe schneiden und
50 – 80 g Pilze nach Wahl	in Scheiben schneiden. Zwiebel und Pilze kurz in
20 g Butter	anbraten und unter gelegentlichem Rühren einige Minuten dünsten. Aus der Pfanne nehmen und beiseite stellen.
1 – 2 EL Erdnussöl	in die Pfanne geben und erhitzen.
2 Eier	mit
1 EL Milch	verquirlen, in die Pfanne geben und unter Rühren stocken lassen. Die Zwiebel und die Pilze dazugeben, unter Rühren fertigbraten, mit
Kräutersalz	würzen und mit
klein geschnittenem Schnittlauch	bestreut servieren.

Tipps: Nehmen Sie statt Milch Schlagsahne und statt der Frühlingszwiebel eine rote Zwiebel, die ich gerne für dieses Gericht empfehle.

Zuletzt noch ein Gericht aus einer ganz besonderen Pfanne, dem fernöstlichen Wok. Beim Braten im Wok ist es besonders wichtig, das Gemüse wirklich sehr klein zu schneiden, damit es tatsächlich in kurzer Zeit al dente ist.

Pilzgemüse aus dem Wok

100 g getrocknete chinesische Pilze nach Wahl	60 Minuten in
Wasser	einweichen, dann gut abspülen und klein schneiden.
250 g Lauch	in dünne Streifen schneiden,
250 g Möhren	grob raspeln,
250 g Brokkoli	in kleine Röschen teilen.
3 EL Erdnussöl	in den Wok geben und erhitzen.
1 Frühlingszwiebel	in Streifen schneiden, in den Wok geben, kurz anbraten, dann das Gemüse und die Pilze dazugeben und unter Rühren einige Minuten braten.
200 ml Gemüsebrühe	dazugießen und mit
Kräutersalz, frisch gemahlenem schwarzen Pfeffer, Paprikapulver, gemahlenem Kardamom, gemahlenem Koriander, Ingwerpulver	und
Kurkuma	würzen. Zugedeckt 5 Minuten köcheln lassen. Heiß servieren.

Tipp: Dazu passt Vollkornbasmatireis, eventuell mit Ingwer und Gewürznelken gewürzt.

Soßen und Aufstriche

Vielleicht macht Sie die Kapitelüberschrift »Soßen und Aufstriche« stutzig, weil Soßen und Aufstriche auf den ersten Blick nicht viel gemeinsam haben? Wenn Sie die Rezepte jedoch näher betrachten, werden Sie feststellen, dass es mitunter große Ähnlichkeiten gibt – denn wenn Sie die Flüssigkeitsmenge oder die Menge des Dickungsmittels variieren, können Sie aus einer Soße leicht einen Aufstrich entwickeln oder umgekehrt. Auch der Einsatz oder Nichteinsatz von Butter oder Margarine lässt aus einer Soße einen Aufstrich werden oder zaubert aus einem Aufstrich eine Soße. Ich bereite die Soßen zunächst mit wenig Flüssigkeit zu und stelle die gewünschte Konsistenz erst nach dem Pürieren durch Zugabe der entsprechenden Flüssigkeit her. Das ist einfacher, als ein zu flüssiges Produkt nachträglich einzudicken.

Für Soßen eignen sich auch getrocknete Pilze sehr gut, die man vor der Verarbeitung 30 bis 60 Minuten in Wasser einweicht.

Pilzsoße

1 rote Zwiebel 2 EL Sonnenblumenöl	schälen, klein würfeln und in anbraten.
350 g gemischte Pilze nach Wahl 400 – 450 ml Gemüsebrühe	klein schneiden, mit zur Zwiebel geben, aufkochen und etwa 10 Minuten köcheln lassen. Mit
1 EL Sojasoße, Kräutersalz, frisch gemahlenem schwarzen Pfeffer, Paprikapulver, gerebeltem Majoran 1 EL Tomatenmark	und kräftig würzen und das Ganze anschließend pürieren.
50 g Champignons	in Scheiben schneiden, in die Soße geben, 1 – 2 weitere Minuten aufkochen und servieren.

Tipps: Je nachdem, wie flüssig die Soße sein soll, können Sie noch etwas mehr Gemüsebrühe, Schlagsahne, saure Sahne oder Joghurt dazugeben. Geben Sie nach Geschmack noch eine zerdrückte Knoblauchzehe oder etwas frisch geriebenen Ingwer dazu.
Diese Pilzsoße schmeckt ausgezeichnet zu Spaghetti oder Aufläufen.

Wer wie ich die indische Küche liebt, wird von dieser scharfen Soße begeistert sein. Mögen Sie scharfes Essen weniger oder haben Sie Gäste, die solches nicht vertragen, sollten Sie nur eine Chilischote verwenden.

Scharfe Pilzsoße

1 kleine rote Zwiebel	schälen, fein würfeln und mit
1 – 2 getrockneten Chilischoten	kurz in
3 EL Olivenöl	anbraten.
250 g Pilze nach Wahl	und
100 g rote Paprikaschote	klein schneiden. Pilze und Paprika zur Zwiebel geben, kurz unter Rühren braten, dann
350 ml Gemüsebrühe	dazugeben und knapp 10 Minuten köcheln lassen. Die Chilischoten nach Wunsch herausnehmen. Das Ganze anschließend pürieren, mit
Sojasoße, Senf, Paprikapulver, Ingwerpulver, Kräutersalz	und
frisch gemahlenem schwarzen Pfeffer	würzen, nochmals aufkochen und servieren.

Tipps: Wem die Masse zu flüssig ist, rührt noch etwas Dinkelvollkorngrieß ein. Ist die Soße zu scharf, lässt sich die Schärfe mit saurer Sahne oder Joghurt mildern. Am besten reicht man saure Sahne oder Joghurt getrennt zur Soße, dann kann jeder die gewünschte Schärfe selbst herstellen.
Sollte etwas Soße übrig bleiben, lässt sich diese zum Beispiel mit Balsamicoessig und Joghurt strecken und als Marinade für einen Süßkartoffel-Chinakohl-Salat verwenden.

Ich lasse mich beim Kochen gerne vom Inhalt meines Kühlschranks oder der Speisekammer inspirieren. Dann schaue ich auch, was bald aufgebraucht werden sollte, und überlege, wozu es sich eignen könnte. So entstand auch diese Soße, die mir so gut schmeckt, dass ich Ihnen das Rezept nicht vorenthalten will.

Pilzsoße mit Frischkäse

½ Zwiebel	schälen und grob würfeln,
80 g Pilze nach Wahl	klein schneiden. Zwiebel und Pilze in
30 g Butter	anbraten,
100 ml Gemüsebrühe	dazugießen und 5 Minuten köcheln lassen. Anschließend alles pürieren und wieder zurück in den Topf geben.
80 g Frischkäse	zerdrücken und
20 g Hartkäse	fein reiben. Beide Käsesorten mit
1 EL Tomatenmark	in den Topf geben, erhitzen und gut verrühren. Mit
Kräutersalz,	
Chilipulver	und
Paprikapulver	würzen. Nach Wunsch
Gemüsebrühe	
oder Schlagsahne	dazugießen, bis die Soße die gewünschte Konsistenz hat.

Tipp: Statt Frischkäse können Sie auch Schmand oder saure Sahne verwenden, bei saurer Sahne dann bitte nicht mehr kochen lassen.

Pikante Gerichte und Äpfel wirken kombiniert immer besonderes frisch – versuchen Sie zur Abwechslung einfach mal die folgende Apfel-Pilz-Soße. Und denken Sie an die alte Volksweisheit »ein Apfel am Tag erspart den Arzt«.

Apfel-Pilz-Soße

50 g Lauch	in Ringe schneiden und kurz in
30 g Butter	anbraten.
250 g Austernpilze	klein schneiden.
1 Apfel, etwa 200 g	schälen, entkernen und in dünne Scheiben schneiden. Pilze und Apfelscheiben mit
350 – 400 ml Gemüsebrühe	zum Lauch geben, aufkochen und etwa 10 Minuten köcheln lassen. Mit
Kräutersalz, frisch gemahlenem schwarzen Pfeffer, edelsüßem Paprikapulver, Ingwerpulver	und
Currypulver	kräftig würzen. Anschließend alles pürieren,
gegebenenfalls 2 – 3 EL saure Sahne	dazugeben, verrühren und servieren.

Tipps: Statt saurer Sahne können Sie auch Schlagsahne oder Joghurt verwenden.
Diese Soße passt besonders gut zu Fenchelgemüse oder Vollkornnudeln.

Freuen Sie sich, wenn von den bisher vorgestellten Soßen etwas übrig bleibt: Geben Sie erwärmte Butter oder Pflanzenmargarine dazu, würzen Sie nach, kochen Sie das Ganze nochmals auf und füllen Sie es in ein Schraubglas. Fertig ist der Aufstrich. Hier ein Originalaufstrichrezept.

Gemüse-Pilz-Aufstrich

½ kleine rote Zwiebel	schälen, fein würfeln und in
20 g Butter	anbraten.
80 g Pilze nach Wahl	klein schneiden.
40 g Möhren	in dünne Scheiben schneiden und
40 g Lauch	in dünne Ringe schneiden. Pilze und Gemüse zur Zwiebel geben und unter Rühren gut 5 Minuten braten. Dann
60 g Butter	dazugeben und mit
Kräutersalz, frisch gemahlenem schwarzen Pfeffer, gerebeltem Majoran	und
scharfem Paprikapulver	kräftig würzen. Anschließend alles pürieren, gegebenenfalls nochmals abschmecken, in ein Schraubglas füllen, abkühlen lassen und im Kühlschrank aufbewahren. Innerhalb von 1 – 2 Tagen verbrauchen.

Tipps: Wenn Sie sich vegan ernähren, verwenden Sie zum Anbraten Öl statt Butter und geben später reine Pflanzenmargarine statt Butter zur Gemüse-Pilz-Mischung. Verwenden Sie nach Belieben auch anderes Gemüse, zum Beispiel Kürbis, Sellerie, Blumenkohl oder Brokkoli.

Für den folgenden Aufstrich nehme ich zwar Champignons, er gelingt aber auch mit anderen Pilzarten oder einer Mischung verschiedener Pilze sehr gut.

Champignonaufstrich

1 Frühlingszwiebel	und
1 kleines Stück frischen Ingwer	klein schneiden. Zwiebel und Ingwer kurz in
30 g Butter	anbraten.
100 g Champignons	klein schneiden, zur Zwiebel geben, etwa 10 Minuten braten, dann
20 – 30 g Butter	und
gerebelten Majoran	dazugeben. Mit
Kräutersalz, frisch gemahlenem schwarzen Pfeffer, Cayennepfeffer	und
Paprikapulver	kräftig würzen. Pürieren, in ein Schraubglas füllen, abkühlen lassen und im Kühlschrank aufbewahren. Gut gekühlt hält sich der Aufstrich mindestens zwei bis drei Tage.

Tipp: Pürieren Sie die Masse einmal ganz fein, das andere Mal etwas gröber, sodass Sie noch Zwiebelstückchen oder Pilzstückchen erkennen können. Im letzteren Fall spüren Sie beim Essen dann mitunter auch noch Ingwerstückchen, was besonders apart schmeckt.

Hülsenfrüchte eignen sich besonders gut für Aufstriche, neben den Sojabohnen vor allem auch Kichererbsen und meine Lieblinge, die Linsen. Allerdings bereite ich solche Aufstriche nur dann zu, wenn ich für ein anderes Gericht eine größere Menge Hülsenfrüchte und dabei extra etwas mehr gekocht habe.

Soja-Pilz-Creme

1 kleine Zwiebel	schälen, würfeln und in
1 – 2 EL Sonnenblumenöl	anbraten.
80 g Pilze nach Wahl	klein schneiden, mit
100 ml Gemüsebrühe	zur Zwiebel geben und etwa 10 Minuten köcheln lassen.
100 g weich gekochte Sojabohnen	dazugeben. Mit
Kräutersalz, Sojasoße, gerebeltem Majoran, frisch gemahlenem schwarzen Pfeffer, Currypulver	und
Rosenpfeffer	kräftig würzen. Alles pürieren, in ein Schraubglas füllen und nach dem Abkühlen im Kühlschrank aufbewahren. Gut gekühlt hält sich die Creme mindestens zwei bis drei Tage.

Tipps: Verwenden Sie statt Majoran auch einmal Oregano oder Basilikum und im Frühjahr frischen Bärlauch.

Champignonduxelles, eine würzige Masse aus Champignons, eignet sich ausgezeichnet zum Verfeinern von Suppen und Soßen, aber auch zum Füllen von Gemüse und Maultaschen.

Champignonduxelles

500 g Champignons	grob hacken.
½ nicht zu große Schalotte	schälen und grob würfeln.
20 g Butter	mit
200 ml Gemüsebrühe	erhitzen. Die Pilze und die Schalotte mit
1 TL Pilzpulver (siehe Seite 23)	dazugeben. Einen Deckel auf den Topf setzen, bis die Masse kocht, dann den Deckel abnehmen. Mit
Kräutersalz	und
frisch gemahlenem schwarzen Pfeffer	würzen und unter Rühren weiterkochen, bis die gesamte Flüssigkeit verdunstet ist. Vom Herd nehmen, abkühlen lassen und bis zur weiteren Verarbeitung in einem Schraubglas im Kühlschrank aufbewahren oder tiefgefrieren. Im Kühlschrank hält sich die Duxelles mindestens zwei bis drei Tage.

Tipps: Wenn Sie sich vegan ernähren, verwenden Sie bei der Zubereitung Öl statt Butter.
Nehmen Sie nur 150 ml Gemüsebrühe und dafür zusätzlich 2 – 3 EL weißen Traubensaft zum Kochen.
Füllen Sie die Duxelles in Eiswürfelbehälter, frieren Sie das Ganze ein und bewahren Sie die gefrorenen Würfel anschließend in Tiefkühlbeuteln portionsgerecht im Gefriergerät auf.

Das folgende Chutney enthält zwar keine Pilze, passt geschmacklich aber ausgezeichnet zu einer Vielzahl unterschiedlicher Pilzgerichte, sodass es an dieser Stelle nicht fehlen darf.

Stachelbeerchutney

1 – 2 Frühlingszwiebeln	klein schneiden und
10 – 20 g frischen Ingwer	sehr klein hacken.
30 g Butter	erhitzen, die Zwiebeln und den Ingwer mit
1 – 2 getrockneten Chilischoten	in die Butter geben und glasig braten. Dann
1 knappen EL Honig, 20 g Butter	und
100 g Stachelbeeren	dazugeben und einige Minuten unter gelegentlichem Rühren köcheln lassen. Mit
Kräutersalz, frisch gemahlenem schwarzen Pfeffer, edelsüßem Paprikapulver, gemahlenem Kreuzkümmel	und
Kurkuma	würzen und nochmals einige Minuten köcheln lassen. Vom Herd nehmen und gegebenenfalls die Chilischoten entfernen. Dann die Mischung pürieren, gegebenenfalls noch etwas nachwürzen, in ein Glas mit Schraubverschluss geben und nach dem Abkühlen im Kühlschrank aufbewahren. Gut gekühlt hält sich das Chutney vier bis fünf Tage

Tipp: Gut eignen sich für dieses Chutney auch Johannisbeeren oder Mango.

Aus dem Ofen

Backen ist eine meiner besonderen Leidenschaften, wobei ich mich bei den Zutatenmengen in diesem Fall noch genauer an die Vorgaben halte, als ich es vielfach bei anderen Gerichten mache. Das exakte Abmessen und Wiegen hält mich allerdings nicht vom Experimentieren, vor allem hinsichtlich der Zutaten, ab. Daher lege ich auch im Urlaub immer sehr viel Wert darauf, dass unsere Ferienwohnungen mit einem Backofen ausgestattet sind, weil ich auch dort die Gelegenheit haben möchte, zu backen.

Die eingebackenen Pilze machen diese Brötchen zu etwas ganz Besonderem.

Partybrötchen mit Pilzen

450 g Weizen	und
50 g Roggen	fein mahlen. Das Mehl mit
1 Päckchen Weinsteinbackpulver	mischen. Dann
250 g Quark,	
150 – 180 ml Milch	und
1 Ei	dazugeben und mit
1 TL Kräutersalz	würzen.
50 – 80 g Pilze nach Wahl	sehr klein schneiden, dazugeben und alles zu einem glatten Teig verarbeiten. Eine Springform von 26 cm Durchmesser mit
Öl	einfetten. Aus dem Teig kleine Brötchen formen und diese eng nebeneinander in die Backform setzen. Partybrötchen im nicht vorgeheizten Backofen bei 200 °C etwa 15 Minuten backen, dann die Temperatur auf 150 °C herunterschalten und 10 – 15 weitere Minuten backen. Fertig gebackene Brötchen aus dem Ofen nehmen, abkühlen lassen und dann als Ganzes aus der Form nehmen.

Diesen Brotteig benötigen Sie für das Rezept »Steinpilze im Brotteig«. Das folgende Rezept ergibt mehr Teig, als für diese Pilzbrötchen nötig ist – backen Sie aus dem Rest einfach noch einige normale Brötchen.

Brotteig

200 g Weizen,	
200 g Dinkel	und
100 g Roggen	fein mahlen und mit
350 ml Wasser,	
2 TL Kräutersalz,	
½ TL Honig	und
1 Päckchen Trockenhefe	knapp 10 Minuten kneten. Teig in eine bemehlte Schüssel geben und an einem warmen Ort 30 Minuten zugedeckt gehen lassen. Nochmals 2 – 3 Minuten kneten und 5 weitere Minuten ruhen lassen. Dann zum Beispiel wie im Rezept für »Steinpilze im Brotteig« beschrieben weiterverarbeiten (siehe nebenstehendes Rezept). Oder aus dem Teig eine Rolle formen, diese in gleich große Stücke schneiden und daraus Brötchen formen. Diese im vorgeheizten Backofen bei 225 °C 15 – 20 Minuten backen.

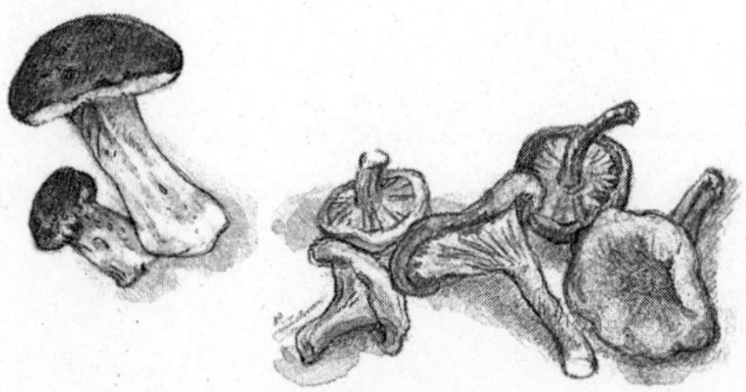

- Vollkornbrotbacken ist manchmal nicht einfach, wie Sie an missratenen Exemplaren mitunter erleben können. Doch eigentlich ist es gar nicht so schwer, wie Sie selbst feststellen können, wenn Sie das folgende Rezept ausprobieren.

Steinpilze im Brotteig

200 g Brotteig (siehe nebenstehendes Rezept)	in vier gleich große Stücke teilen und diese auf einer mit
etwas Mehl	bestreuten Arbeitsfläche zu runden Fladen von etwa 15 cm Durchmesser ausrollen.
4 EL Stachelbeerchutney (siehe Seite 135)	mittig auf den Hefefladen verteilen – jeweils 1 EL pro Fladen.
4 feste Steinpilze	bis auf die kurzen Ansätze entstielen. Jeweils einen Pilzhut in die Mitte eines Hefefladens stellen und leicht eindrücken. Die Pilzhüte mit
Kräutersalz	und
frisch gemahlenem schwarzen Pfeffer	würzen. Den Teig jeweils am Rand hochheben und über dem Pilz schließen, die Ränder gut zusammendrücken. Teigbeutel mit dem Verschluss nach unten auf ein mit
Öl	bestrichenes Backblech legen und etwa 20 Minuten zugedeckt an einem warmen Ort gehen lassen. Backofen auf 250 °C vorheizen und ein Gefäß mit Wasser in den Ofen stellen. Die Temperatur auf 200 °C herunterschalten und die Teigbeutel etwa 12 Minuten backen, dabei gegebenenfalls abdecken, damit die Pilzbrötchen nicht zu dunkel werden. Fertig gebackene Brötchen aus dem Ofen nehmen, etwas abkühlen lassen, dann vorsichtig halbieren. Dazu passt Salat.

Klöße sind immer lecker – aber ein Gedicht, wenn sie überbacken werden!

Überbackene Pilzklöße

60 g Dinkel	und
40 g Roggen	fein mahlen.
125 ml Milch	mit
20 g Butter	aufkochen und mit
Kräutersalz,	
frisch gemahlenem	
schwarzen Pfeffer	und
frisch geriebenem Muskat	würzen. Vom Herd nehmen, das Mehl auf einmal zur Milch geben und die Masse schnell glatt rühren. Dann nochmals auf den Herd stellen und so lange rühren, bis sich auf dem Topfboden ein Kloß gebildet hat. Den Topf vom Herd nehmen und nach und nach
3 Eier	in den Teig rühren.
250 g Pilze nach Wahl	pürieren oder durch den Gemüsewolf drehen.
50 g Greyerzer	fein reiben und mit den pürierten Pilzen in den Teig rühren. In einem Topf reichlich Wasser mit
Meersalz	aufkochen. Aus dem Teig mit Hilfe von zwei Löffeln Klöße formen und diese ins Wasser gleiten lassen. 5 Minuten ziehen lassen, dann aus dem Topf heben und abtropfen lassen. Klöße in eine mit
Öl	eingefettete Auflaufform legen.
50 g Emmentaler	und
50 g Parmesan	fein reiben und die Klöße damit bestreuen.
20 g Butter	in Flöckchen auf den Käse und die Klöße geben. Klöße im nicht vorgeheizten Backofen bei 200 °C etwa 15 Minuten überbacken.

Tipp: Dazu passt sehr gut Apfel-Zwiebel-Kompott.

Bei der Zubereitung eines Brandteigs bildet sich auf dem Topfboden eine weiße Schicht. Dann ist der Teig so weit, dass Sie nach und nach die Eier hineinrühren können.

Brandteig-Pilzküchle

100 g Weizen	fein mahlen.
150 ml Wasser	mit
50 g Butter	erhitzen, das Vollkornmehl auf einmal dazugeben und gut durchrühren. Sobald sich am Topfboden etwas Teig absetzt, vom Herd nehmen und etwas abkühlen lassen. Dann nach und
2 – 3 Eier	einrühren. Dabei muss jedes Ei komplett im Teig verschwunden sein, ehe man das nächste dazugeben darf. Zum Schluss
1 TL Weinsteinbackpulver	unterrühren.
80 g Champignons	sehr fein hacken und in den Teig rühren. Kurz ruhen lassen. Den Backofen auf 225 °C vorheizen und ein Backblech gut mit
Öl	einfetten. Aus dem Teig mit Hilfe von zwei Kaffeelöffeln kleine Häufchen auf das Backblech setzen und diese je nach Größe 20 – 25 Minuten backen. Wenn die Küchle zu schnell braun werden, die Temperatur nach 15 Minuten auf 200 °C zurückschalten.

Tipps: Sie können für die Brandteig-Pilzküchle auch den gleichen Teig wie für die überbackenen Pilzköpfe von Seite 140 verwenden.
Lassen Sie die Champignons im Teig weg, schneiden Sie die Windbeutel sofort nach dem Backen auf und füllen Sie sie nach dem Abkühlen mit Champignonduxelles (siehe Seite 134) oder Champignonaufstrich (siehe Seite 132).
Bestreuen Sie die Windbeutel nach einer Backzeit von 20 Minuten nach Belieben mit geriebenem Käse und überbacken Sie sie noch kurz im Backofen.

Ein köstliches Gericht aus der vielfältigen arabischen Küche!

Gefülltes Fladenbrot

350 g Weizen	fein mahlen, etwa 50 g Kleie aussieben.
60 g Roggen	fein mahlen, etwa 10 g Kleie aussieben. Kleie beiseite stellen und später für dieses oder ein anderes Gericht verwenden. Das Mehl mit
1 EL Olivenöl, 1 – 2 TL Kräutersalz, 1 Päckchen Trockenhefe, 1 TL Honig,	
125 ml Milch	und
125 ml Wasser	in 10 Minuten zu einem Teig verkneten. Teig zu einer Kugel formen und an einem warmen Ort etwa 30 Minuten gehen lassen. Dann den Teig mit den Händen zu einem Fladen von 22 – 24 cm Durchmesser formen und zugedeckt 30 weitere Minuten gehen lassen. Backofen auf 225 °C vorheizen und ein Backblech mit
Öl	einfetten. Den Teig mit einem Messer wie für Kuchenstücke einritzen und auf dem Blech 10 Minuten im Ofen backen. Die Temperatur auf 150 °C herunterschalten und den Fladen 5 weitere Minuten backen, dabei gegebenenfalls abdecken, damit er nicht zu braun wird.

1 kleine Zwiebel	schälen, klein schneiden und in
20 g Butter	anbraten.
100 g Fenchel	in sehr feine Streifen schneiden,
100 g Kürbis	grob raspeln,
200 g Champignons	in Scheiben schneiden. Gemüse und Pilze mit
100 ml Gemüsebrühe	zur Zwiebel geben, aufkochen und gut 5 Minuten köcheln lassen. Mit
Kräutersalz, frisch gemahlenem schwarzen Pfeffer	und
Paprikapulver	kräftig würzen. Wenn die Mischung noch sehr flüssig ist, 1 – 2 EL Kleie einrühren und etwas quellen lassen. Das Fladenbrot aufschneiden und die Schnittflächen mit
etwa 150 g Kräuterfrischkäse	bestreichen. Auf der unteren Hälfte des Fladens die Pilze und das Gemüse verteilen und die obere Hälfte des Fladens darüberlegen. Das gefüllte Brot im Backofen bei 150 °C nochmals 10 Minuten backen und sofort servieren.

Tipps: Wählen Sie statt Frischkäse auch einmal Kräuterquark und als Gemüse Möhren oder Weißkohl und geben Sie noch etwas Sesam in die Füllung.

Muffins – dieses interessante Gebäck aus Nordamerika – werden meist in süßen Varianten gebacken, doch auch pikant sind sie ein Genuss.

Pilzmuffins

200 g Dinkel	und
50 g Roggen	fein mahlen. Mehl mit
2 gehäuften TL Weinsteinbackpulver	und
1 TL Natron	mischen.
120 – 150 g Pilze nach Wahl	in dünne Scheiben schneiden, große zunächst halbieren oder vierteln.
50 g Frühlingszwiebeln	sehr fein schneiden. Pilze und Zwiebeln unter das Mehl mischen und mit
Kräutersalz, frisch gemahlenem schwarzen Pfeffer, klein geschnittenem Basilikum, Paprikapulver	und
gemahlenem Mazis	kräftig würzen. Backofen auf 200 °C vorheizen und acht bis zehn Muffinförmchen mit
Öl	einfetten.
100 g Butter	leicht erhitzen, bis sie anfängt, flüssig zu werden. Dann vom Herd nehmen und gut mit
150 g saurer Sahne, 50 ml Schlagsahne	und
1 Ei	verrühren. Sahnemischung über die Pilz-Mehl-Mischung gießen und vorsichtig unterrühren. Den Teig gleichmäßig in die Muffinförmchen füllen und etwa 20 Minuten im Backofen backen. Dabei gegebenenfalls während der letzten Minuten abdecken, damit die Muffins nicht zu dunkel werden.

Tipps: Wer möchte, hebt noch etwas geriebenen Käse oder geriebene Möhren unter den Teig.

Einfach, schnell und doch voller Genuss – mit diesem Gericht können Sie bei Ihren Gästen punkten.

Steinpilze auf Toastbrot

500 g Steinpilze	in Scheiben schneiden.
1 Zwiebel	schälen, fein würfeln und kurz in
20 g Butter	glasig dünsten. Die Pilze dazugeben und 5 – 10 Minuten zugedeckt dünsten.
1 EL Vollkornmehl	gut mit
125 ml Schlagsahne	verrühren und mit
Kräutersalz, frisch gemahlenem schwarzen Pfeffer	und
Paprikapulver	würzen. Sahnemischung über die Pilze gießen, nochmals kurz aufkochen und unter Rühren 2 – 3 Minuten weiterbraten. In der Zwischenzeit
4 Scheiben Vollkorntoastbrot	kurz anrösten, dann das Brot mit
4 Scheiben Raclettekäse	bedecken – jeweils eine Scheibe Käse pro Toast – und so lange unter den Backofengrill legen, bis der Käse anfängt, zu schmelzen. Dann das Pilzgemüse auf den Brotscheiben verteilen und mit
klein gehackter Petersilie	bestreut servieren.

Pilze und Pizza ergänzen sich vorzüglich, was Sie mit den beiden folgenden Rezepten unschwer ausprobieren können.

Pilzpizza

300 g Weizen	und
50 g Roggen	fein mahlen. Mehl mit
3 EL Rapsöl,	
220 – 250 ml Gemüsebrühe,	
1 Ei,	
½ TL Kräutersalz	und
1 Päckchen Trockenhefe	in 10 Minuten zu einem nicht mehr klebenden Teig verkneten. Teig 30 – 35 Minuten zugedeckt an einem warmen Ort ruhen lassen. Ein Backblech oder drei bis vier Pizzableche von jeweils 20 – 22 cm Durchmesser mit
Öl	einfetten. Den Teig ausrollen und auf das Blech legen. Teigboden im nicht vorgeheizten Backofen bei 180 °C etwa 10 Minuten vorbacken.
1 Zwiebel	schälen, grob würfeln und in
20 – 30 g Butter	anbraten, dann
200 ml Gemüsebrühe	dazugießen.
1 Süßkartoffel, etwa 300 g	schälen, in dünne Scheiben schneiden, zur Zwiebel geben, aufkochen und etwa 10 Minuten köcheln lassen. Mit
Kräutersalz,	
Cayennepfeffer,	
frisch gemahlenem	
schwarzen Pfeffer	und
Paprikapulver	kräftig würzen, dann pürieren.

	Diese Mischung gleichmäßig auf dem vorgebackenen Pizzaboden verstreichen.
300 g Champignons	in Scheiben schneiden und auf der Süßkartoffelcreme verteilen.
200 g Emmentaler	fein reiben und
100 g Schafskäse	zerbröckeln. Die Käsesorten mischen und die Pilze damit bedecken. Pizza im Backofen bei 180 °C 15 – 18 Minuten backen und heiß servieren.

Tipps: Ich belege ein Blech Pizzateig gerne mit verschiedenen Zutaten, sodass verschiedene Pizzen entstehen. Versuchen Sie die Pizza zum Beispiel auch einmal mit geraspeltem Kürbis oder geraspelten Möhren.

Diese Pizza zeigt einmal mehr, wie vielfältig sich Fenchel verwenden lässt und wie gut er mit Obst harmoniert.

Fenchel-Mango-Pizza

280 g Dinkel	und
70 g Grünkern	fein mahlen. Mehl mit
2 kleinen Eiern,	
4 EL Olivenöl,	
4 EL kaltem Wasser,	
1 TL Sojasoße	und
Kräutersalz	zu einem Teig verkneten. Ein Backblech mit
Öl	einfetten, den Teig auf dem Blech ausrollen und im nicht vorgeheizten Backofen bei 180 °C etwa 10 Minuten vorbacken.
1 Zwiebel	schälen und fein würfeln,
10 g frischen Ingwer (2 – 4 cm)	fein würfeln. Zwiebel und Ingwer kurz in
50 g Butter	anbraten.
250 g Hokkaidokürbis	klein würfeln und mit
250 ml Gemüsebrühe	und
2 EL Tomatenmark	zur Zwiebel geben. Mit
gerebeltem Oregano,	
Kräutersalz,	
Cayennepfeffer,	
Paprikapulver	und
Currypulver	kräftig würzen und alles pürieren.
350 g Fenchel	in feine Scheiben oder Streifen schneiden und in
100 ml Gemüsebrühe	wenige Minuten dünsten, dann abtropfen lassen. Den vorgebackenen Teigboden mit dem Kürbispüree bestreichen und die Fenchelstreifen darüber verteilen.

250 g Champignons	in Scheiben schneiden und auf dem Fenchel verteilen.
200 g Mango	schälen, entkernen, klein würfeln und zwischen den Pilzen verteilen.
200 g Emmentaler	und
50 g Parmesan	fein reiben und die Pizza damit bestreuen. Pizza im vorgeheizten Backofen bei 180 °C 15 – 20 weitere Minuten backen.

Tipp: Mitunter kann der Teig beim Ausrollen etwas bröselig sein – kein Problem, verteilen Sie ihn einfach auf dem Blech und drücken Sie ihn mit dem Wellholz gut zusammen.

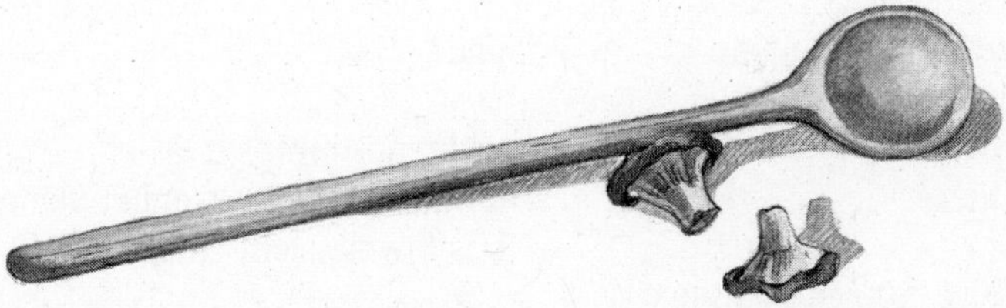

Die Tarte kommt aus der französischen Küche und bezeichnet einen neutralen Mürbeteig, der ohne Salz und Süßungsmittel zubereitet wird und anschließend süß oder pikant belegt wird.

Pilztarte

200 g Weizen	fein mahlen, mit
100 g Butter,	
50 g geriebenem Käse,	
Paprikapulver	und
2 EL Schlagsahne	zu einem Teig verkneten. Den Teig 15 Minuten ruhen lassen, dann ausrollen, eine Tarteform von 26 cm Durchmesser damit auskleiden und den Rand etwas hochziehen.
1 Stange Staudensellerie	und
1 Stange Lauch	in Ringe schneiden.
2 Möhren	in Scheiben schneiden,
1 Kohlrabi	klein würfeln.
200 g Pilze nach Wahl	halbieren oder vierteln, mit dem Gemüse in
200 ml Gemüsebrühe	aufkochen und 5 Minuten köcheln lassen. Mit
Kräutersalz,	
gerebeltem Majoran	und
frisch gemahlenem schwarzen Pfeffer	würzen. Abtropfen lassen.
2 Eier	trennen, das Eigelb anderweitig verwenden. Das Eiweiß steif schlagen und vorsichtig mit
150 g körnigem Frischkäse,	
100 ml Milch	und dem Pilzgemüse mischen. Die Mischung auf dem Teig verteilen und die Tarte im nicht vorgeheizten Backofen bei 180 °C 30 – 40 Minuten backen.

Tipp: Mischen Sie nach Belieben noch 1 – 2 zerdrückte Knoblauchzehen unter das Gemüse.

Und weil es so schön war, zum Abschluss gleich noch eine zweite Tarte.

Zucchini-Pilz-Tarte

200 g Weizen	fein mahlen und mit
100 ml Milch,	
150 ml Wasser,	
1 ½ TL Weinsteinbackpulver	und
Kräutersalz	zu einem geschmeidigen Teig verkneten. Einige Minuten ruhen lassen. Teig ausrollen und eine Tarteform von 26 cm Durchmesser damit auskleiden, Rand andrücken.
300 g Pilze nach Wahl	in Scheiben,
200 g Zucchini	klein würfeln.
1 rote Zwiebel	schälen und in sehr dünne Scheiben schneiden. Den Teigboden zuerst mit der Zwiebel, dann mit den Zucchini und zuletzt mit den Pilzen belegen.
2 Eier	trennen, das Eiweiß steif schlagen und das Eigelb anderweitig verwenden.
150 g saure Sahne	mit
80 ml Schlagsahne,	
80 g geriebenem Käse	und
1 EL Tomatenmark	verrühren, mit
Sojasoße,	
Kräutersalz	und
Paprikapulver	würzen, das Eiweiß unterheben. Die Sahnemasse löffelweise über die Pilze geben und glatt streichen. Tarte im nicht vorgeheizten Backofen bei 180 °C etwa 40 Minuten backen.

Tipps: Nehmen Sie Kürbis oder gekochte Süßkartoffelscheiben statt Zucchini und statt saurer Sahne auch einmal Schmand.

Der Autor

Herbert Walker, Jahrgang 1946, Dipl.-Bauing. und Betriebswirt (VWA), kam als engagierter Tierschützer und Tierversuchsgegner Mitte der 80er Jahre über die Vollwertkost zur vegetarischen Lebensweise. Nach einer mehrwöchigen Ausbildung zum Gesundheitsberater in Lahnstein nahm er eine Auszeit vom erlernten Beruf und betrieb für drei Jahre das vegetarische Vollwertrestaurant »Salatschüssel« in Heidenheim. Daneben führte er im Restaurant und bei verschiedenen Volkshochschulen Vollwertkoch- und -backkurse durch und begann mit dem Schreiben von Büchern: Bis heute sind es zwölf Koch- und Backbücher. Daneben war er als freier Mitarbeiter für eine Zeitschrift für Baubiologie tätig.

Seit einigen Jahren arbeitet er als Unternehmensberater für die Baubranche und hat auch hier mehrere Fachbücher veröffentlicht. Kochen und Backen sind immer noch seine wichtigsten Hobbys, er schreibt weiterhin Kochbücher und gibt hin und wieder Kochkurse.

Von Herbert Walker sind außer diesem Buch folgende im pala-verlag erschienene Bücher erhältlich:

- Vollwertig kochen und backen mit Pfiff
- Schnelle Vollwertküche mit Pfiff
- Vollwertkuchen mit Pfiff
- Desserts & mehr – vollwertige Süßspeisen mit Pfiff
- Schwäbisch kochen – vollwertig mit Pfiff
- Bohnen, Erbsen, Linsen & Co. – vollwertige Rezepte mit Hülsenfrüchten
- Vollwertige Weihnachtsbäckerei mit Pfiff
- Vollwertig kochen für mich – vollwertige Rezepte für eine Person

Rezeptindex

Rezepte mit einem * sind tierisch-eiweißfrei und vegan. Im Buch sind diese Rezepte mit zwei Ähren gekennzeichnet. Ist ein Rezept im Index mit (*) markiert, kann es durch eine im Rezept angegebene Alternative unkompliziert tierisch-eiweißfrei und vegan zubereitet werden. Im Buch wird dies durch eine Ähre angezeigt.

pala verlag

Print CO_2 kompensiert

Wir engagieren uns noch stärker für den Klimaschutz!

Seit mehr als 15 Jahren drucken wir unsere Bücher weitestgehend auf Recyclingpapier und versuchen damit, eine ressourcenschonende und umweltfreundliche Buchproduktion zu ermöglichen.

In den letzten Jahren ist der Klimawandel mit seinen weitreichenden Folgen für uns und vor allem unsere nachfolgenden Generationen immer mehr zum Thema geworden. Die Auswirkungen sind bereits jetzt spürbar – Wetterextreme, sich verschiebende Jahreszeiten, Erderwärmung. Auch wenn diese Entwicklungen nicht mehr völlig aufzuhalten sind, müssen wir – auch als Verlag – aktiv werden.

Die freiburger graphische betriebe, die Druckerei, in der unsere Bücher produziert werden, beteiligen sich an der Klimainitiative der Druck- und Medienverbände Deutschland und bieten die Möglichkeit, Buchproduktionen klimaneutral herstellen zu lassen. »Klimaneutral« bedeutet den Ausgleich von Treibhausgasen bzw. die Neutralisation durch die Einsparung einer bestimmten CO_2-Menge an anderer Stelle. Da die Wirkungen des Treibhauseffektes global schädigen, ist es irrelevant, an welchem Ort der Welt Emissionen entstehen und wo sie dann letztendlich eingespart werden. Der gesamte Prozess des Ausgleiches von Treibhausgasen basiert auf dem Kyoto-Protokoll von 1997.

Wir haben nun die Möglichkeit, für jedes Druckprodukt den genauen Wert des CO_2-Ausstoßes, der auf den Produktionsprozess in der Druckerei und deren Materialeinsatz zurückzuführen ist, zu ermitteln. Mit Hilfe eines vom Bundesverband der deutschen Druckindustrie entwickelten Rechners, mit dem viele Faktoren erfasst werden – Energieverbrauch, Farbe, Papier, Transportwege oder Einsatz von Personal – wird am Ende der Buchproduktion ein Wert ermittelt, der die relevante Wertschöpfungskette für die technische Herstellung des Buchs umfasst und den durch die Produktion verursachten CO_2-Ausstoß nachweist.

Für diesen Wert bezahlen wir als Verlag einen Ausgleich, der dann in anerkannte und zertifizierte Klimaschutzprojekte fließt. Die Zertifizierung erfolgt durch die Organisation firstclimate (www.firstclimate.com) und wird durch das Logo »Print CO_2 kompensiert« angezeigt.

Die aus dem Druck dieses Buchs resultierende Klimaabgabe fließt in ein Windparkprojekt in der Marmara-Region in der Türkei.

Das Projektgebiet liegt in der Marmara-Region an einem Höhenrücken etwa 350 m über Meereshöhe, nahe der Dörfer Elbasan und Çatalca unweit Istanbuls. Im Rahmen des Projekts werden 20 Windenergieanlagen mit einer Nennleistung von je 3 MW errichtet.

Andere Bücher von Herbert Walker

Herbert Walker:
Vollwertig kochen für mich
ISBN: 978-3-89566-272-0

Herbert Walker: **Vollwertige Weihnachtsbäckerei mit Pfiff**
ISBN: 978-3-89566-246-1

Herbert Walker:
Vollwertig kochen und backen mit Pfiff – ohne tierisches Eiweiß
ISBN: 978-3-89566-146-4

Herbert Walker:
Schwäbisch kochen – vollwertig mit Pfiff
ISBN: 978-3-89566-208-9

ISBN: 978-3-89566-289-8

Rheinstraße 35, 64283 Darmstadt
www.pala-verlag.de

Illustrationen und Umschlaggestaltung: Sabine Metz

Lektorat: Angelika Eckstein

Druck: fgb • freiburger graphische betriebe
www.fgb.de
Printed in Germany.

Dieses Buch ist auf Papier aus
100 % Recyclingmaterial gedruckt
und klimaneutral produziert.

Print CO2 kompensiert
Ident-Nr. 119805